D1389381

la légende
des trains

«Thomas la machine-tender», vedette d'un puzzle

Armoiries du Midland Railway
en Grande-Bretagne

Billet de
chemin de fer

Modèle réduit de l'*Austria* (1843)

Appareil de «block»

La locomotive à vapeur de 1938 *Duchess of Hamilton*
aujourd'hui conservée

la légende des trains

par

John Coiley

en association avec le National Railway Museum, York

Photographies originales de Mike Dunning

Sifflet en métal

Logo de la Société nationale des
chemins de fer français (SNCF), 1938

Locomotive à vapeur
Columbine de 1845

Matraques d'employés
des chemins de fer

Laissez-passer ferroviaire franco-belge

DUCHESS OF HAMILTON

GALLIMARD

Modèle réduit
d'une locomotive
américaine de 1875

Sémaphore
mécanique

Lampe frontale
de train royal

Comité éditorial

Londres :

Louise Barratt, Ann Cannings, Julia Harris,
Cynthia Hole, Helen Parker et Christine Webb

Paris :

Christine Baker, Françoise Favez,
Manne Héron et Jacques Marziou

Edition française préparée par
Jean-Marc Combe,
Musée français du Chemin de fer, Mulhouse

Publié sous la direction de

Peter Kindersley,
Jean-Olivier Héron
et
Pierre Marchand

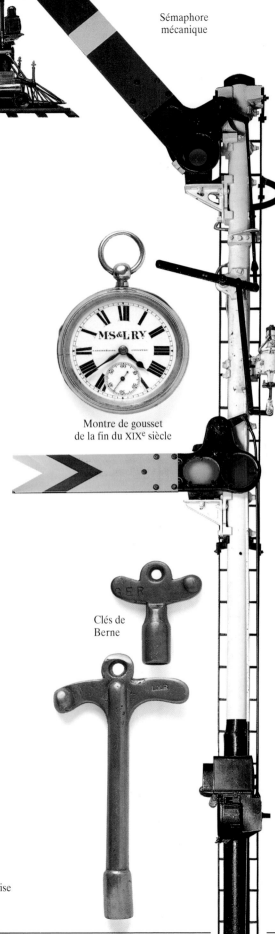

Montre de gousset
de la fin du XIXe siècle

Billets de chemin de fer

Clés de
Berne

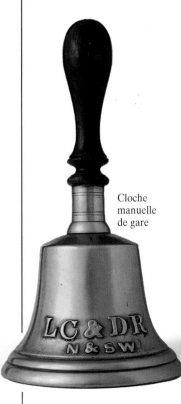

Cloche
manuelle
de gare

Logo de la Société nationale
des chemins de fer français
(SNCF), 1947

ISBN 2-07-056684-6
La conception de cette collection est le fruit
d'une collaboration entre les Editions Gallimard
et Dorling Kindersley.
© Dorling Kindersley Limited, Londres, 1992
© Editions Gallimard, Paris, 1992, pour l'édition française
Dépôt légal : octobre 1992. N° d'édition : 54213
Imprimé à Singapour

SOMMAIRE

Reconstitution de
la *Novelty* de 1829

AINSI EST NÉ LE CHEMIN DE FER

Un train est constitué d'une série de véhicules sur roues, tractés par une locomotive. Il se déplace sur un chemin de fer, c'est-à-dire une voie qui assure son guidage. Des rails ont été utilisés bien avant l'apparition du premier train à vapeur. Les wagons étaient alors poussés ou tirés sur la voie par la force musculaire humaine ou chevaline. Mais ce fut l'invention de la locomotive à vapeur, au début des années 1800, qui permit de mieux exploiter toutes les possibilités que recelait un chemin de fer. Sur des voies plus régulières et plus robustes, les trains à vapeur pouvaient rouler à des vitesses de plus en plus élevées, transportant voyageurs et marchandises. Aujourd'hui, bénéficiant des techniques modernes, les locomotives diesels et électriques continuent d'améliorer la qualité de ce moyen de transport.

TRAVAIL DE FOURMIS
Les premiers chemins de fer furent construits pour un usage privé, par exemple dans les mines. Quand des voies ferrées destinées à tous durent être construites, des armées d'ouvriers furent nécessaires, car très peu d'équipements spécialisés de travaux publics étaient alors disponibles. Les ouvriers, appelés «terrassiers», devaient creuser puis déplacer la terre, poser les rails, construire les ponts et percer les tunnels en utilisant de simples outils (p. 20).

ALLER ET RETOUR
A la fin du XIXe siècle, les trains à vapeur faisaient partie du paysage. Ils permettaient aux gens de la campagne de se rendre dans la ville proche pour leur travail ou leurs loisirs. De la même façon, les citadins pouvaient aller prendre un bol d'air.

Reconstitution d'une voiture de 1re classe, ayant circulé vers 1830 sur la ligne de Liverpool à Manchester

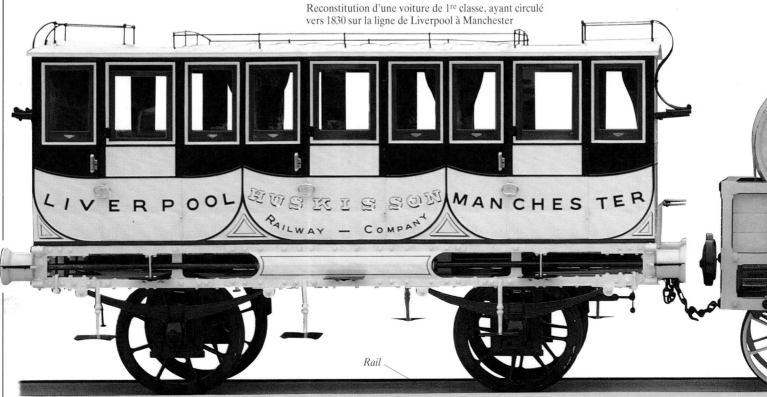

Rail

LA PUISSANCE DU DIESEL
C'est durant les années 1930, en Europe et aux Etats-Unis, que les premiers trains diesels ont été mis en service pour les voyageurs. Dix ans plus tard, les locomotives diesels électriques (pp. 40-41) remplaçaient les machines à vapeur les plus puissantes, qui finirent par disparaître (en France, en 1975).

UN BILLET POUR LE CONFORT
De nos jours, de très nombreux voyageurs prennent le train. Ce moyen de transport s'est développé de manière significative au milieu du XIXe siècle, à une époque où la plupart des voitures n'étaient que des wagons-tombereaux pourvus de bancs (pp. 28-29). Progressivement, elles furent équipées de l'éclairage, du chauffage, de toilettes et de couloirs. Puis vinrent pour les longs voyages des voitures-lits et restaurants.

MOINS POLLUANTS
L'application de la traction électrique a d'abord concerné les chemins de fer souterrains, en milieu urbain, vers 1890 (pp. 56-57). Ils prenaient le courant par des caténaires positionnées au-dessus de la voie, ou par un 3e rail parallèle. Les trains électriques sont très rapides, d'une grande douceur de roulement et propres.

L'ÉNERGIE DE LA LOCOMOTIVE
Les trains transportent voyageurs ou marchandises, quelquefois les deux. Ils roulent sur des rails et possèdent des roues à boudin qui assurent leur maintien sur la voie. Les premiers trains étaient remorqués par des locomotives à vapeur. Aujourd'hui, à l'image de ce train canadien, ils le sont par des locomotives diesels et électriques.

ACHEMINER DES MARCHANDISES
Les premiers trains ont été mis en service pour remorquer essentiellement du charbon (pp. 26-27). Aujourd'hui, le chemin de fer demeure un très important transporteur de marchandises, bien que ce trafic ait souvent baissé de manière dramatique, à cause de la concurrence routière.

Reconstitution de la locomotive *Rocket* de George et Robert Stephenson (1829)

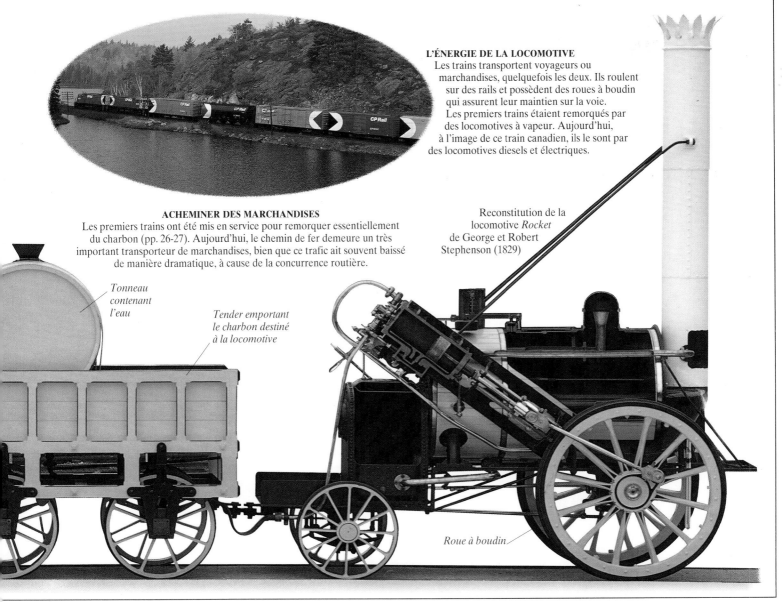

Tonneau contenant l'eau

Tender emportant le charbon destiné à la locomotive

Roue à boudin

LES RAILS DES ORIGINES

Les chemins de fer d'aujourd'hui dérivent de ceux utilisés au XVIe siècle dans les mines. Pour faciliter le travail, on transportait de lourdes charges dans des chariots à quatre roues, roulant sur des madriers de bois parallèles. Ceux-ci étant très rapprochés l'un de l'autre, une cheville fixée sous le véhicule, et se positionnant dans le court espace entre les deux madriers, assurait le guidage. Les chemins de fer construits plus tard utilisaient des systèmes de guidage différents : soit des rails à cornière (pp. 24-25) qui guidaient les roues; soit des rails ordinaires, les roues des wagons étant pourvues d'un boudin pour les maintenir sur la voie. Jusqu'à ce que la locomotive à vapeur apparaisse, les moyens de traction étaient la force musculaire de l'homme et des chevaux.

CHAUSSÉES ANTIQUES
Des traces profondes qui guident les véhicules – c'est là le principe du chemin de fer – existent toujours dans des pays méditerranéens. Les premières civilisations, telles les babylonienne et sumérienne, appréciaient déjà les chaussées dallées. Mais ces voies étaient très cahoteuses, et des rainures étaient pratiquées dans les blocs de pierre pour aider au guidage des véhicules, comme on peut le voir sur cette photographie d'une rue de Pompéi.

ÉCONOMIE D'ÉNERGIE
Quelques-uns des premiers chemins de fer britanniques étaient utilisés au transport du charbon, depuis la mine jusqu'au port fluvial voisin. En général, le trajet s'effectuait à flanc de colline, les freineurs contrôlant le wagon à la descente. Beaucoup de ces animaux descendaient la colline dans un wagon, appelé *dandy cart*, pour économiser leurs forces en vue du long remorquage des wagons vides vers la mine.

Dandy cart
(chariot élégant)

LES RECORDS DE DILIGENCE
La diligence était le moyen de transport le plus rapide avant les chemins de fer. Les relais de poste permirent d'établir une vitesse moyenne de 11,3 km/h, réduisant notablement les temps de parcours.

À LA FORCE DU POIGNET
Cette gravure, publiée en 1752, constitue la première illustration d'un chemin de fer anglais. Apparemment, il utilisait la force humaine. C'est également l'une des premières utilisations connues de roues à boudin.

CHEMIN DE FER ANGLAIS
Ce chemin de fer anglais fut
construit en 1815 et utilisé
au ravitaillement en charbon
à usage domestique.
Ses rails étaient en fonte.
Des chevaux remorquaient
les wagons équipés
de roues à boudin.

CHEMIN DE FER NIPPON
Les chemins de fer à voitures
hippomobiles ont été partout
utilisés pour transporter voyageurs
et marchandises jusqu'au début
de notre siècle.

LE TRANSPORT DU CHARBON
Les wagons chargés de charbon, ou *chaldrons*, descendaient par gravité
jusqu'à leur point de destination. On voit ici le freineur contrôler la vitesse
en s'asseyant sur un simple levier de frein, tandis que le cheval suit derrière.

PREMIERS CHEMINS DE FER FRANÇAIS ET ALLEMANDS
Les chevaux ont été également utilisés sur les chemins de fer primitifs
en France et en Allemagne, depuis le début du XVIIIᵉ siècle.
En Allemagne les premiers trains à vapeur réguliers pour voyageurs
apparurent en 1835, et en 1837 en France (pp. 16-17).

Ce wagon anglais chargé de charbon devint une
unité de mesure, connue sous le nom de *chaldron*.

« CHALDRON »
Ce nom était
celui des wagons
en bois utilisés au
transport de la
houille des mines
du nord-est de la
Grande-Bretagne
à la rivière Tyne,
d'où elle était
évacuée jusqu'à la
mer. Quand l'un de
ces véhicules était à
l'appontement sur la
rivière, on déchargeait
directement le charbon
dans le bateau en ouvrant
une trappe au fond du wagon.

Levier de frein

Roue à boudin

UNE CHAUDIÈRE SUR QUATRE ROUES

Depuis la mise au point de la machine à vapeur par Thomas Newcomen en 1712 puis par James Watt en 1769, les ingénieurs ont tenté d'appliquer l'énergie vapeur à un véhicule automobile. On dit que le premier de ce genre, difficile à maîtriser, causa un tel tumulte dans les rues de Paris que le projet fut abandonné. Les premières locomotives réussies furent construites au début de XIXe siècle, et ce en dépit de nombreux problèmes restés en suspens. Les machines devaient remorquer des charges importantes, faire le minimum de bruit et émettre le moins de fumée possible. Elles devaient également se déplacer sur des rails lisses, assez solides pour supporter leur poids, les roues devant y prendre appui sans patiner.

ATTRACTION LOCALE
Cette gravure montre une locomotive construite en 1808 par l'ingénieur anglais Richard Trevithick. Elle remorquait une voiture à quatre roues sur un chemin de fer circulaire ouvert au public. Ce fut la première locomotive à vapeur ayant circulé à Londres. Elle était baptisée *Catch-me-who-can* (M'attrape qui peut).

PREMIÈRE MONDIALE
En 1769, le Français Nicolas Cugnot construisit le premier véhicule au monde se déplaçant par ses propres moyens, qui utilisait l'énergie vapeur. Son véhicule routier à 3 roues atteignit 14,5 km/h. Toutefois, il était d'un contrôle difficile dans des rues très fréquentées; le tumulte qui en résulta obligea l'ingénieur à abandonner son projet.

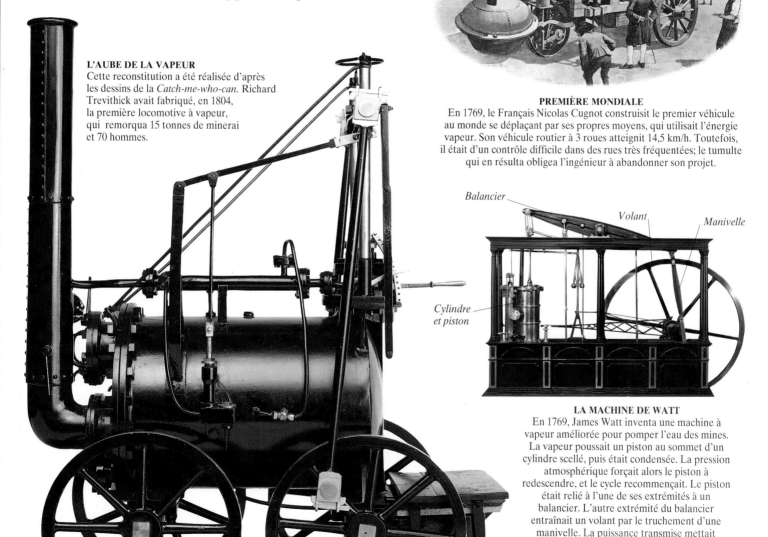

L'AUBE DE LA VAPEUR
Cette reconstitution a été réalisée d'après les dessins de la *Catch-me-who-can.* Richard Trevithick avait fabriqué, en 1804, la première locomotive à vapeur, qui remorqua 15 tonnes de minerai et 70 hommes.

Balancier

Volant

Manivelle

Cylindre et piston

LA MACHINE DE WATT
En 1769, James Watt inventa une machine à vapeur améliorée pour pomper l'eau des mines. La vapeur poussait un piston au sommet d'un cylindre scellé, puis était condensée. La pression atmosphérique forçait alors le piston à redescendre, et le cycle recommençait. Le piston était relié à l'une de ses extrémités à un balancier. L'autre extrémité du balancier entraînait un volant par le truchement d'une manivelle. La puissance transmise mettait en mouvement les pompes à eau. Mais cette machine était trop lourde pour une locomotive.

Rail à cornière guidant des roues sans boudin

VÉHICULE AMPHIBIE

Le premier véhicule terrestre à vapeur américain fut ce chaland (un type de bateau), produit par le forgeron et constructeur de bateaux Oliver Evans en 1804. Grâce à ses roues amovibles, le véhicule roulant continuait son trajet sur l'eau, voguant comme un bateau.

TENUE DE RAIL

Les premiers ingénieurs cherchèrent à améliorer l'adhérence des roues sur les rails. Sur cette gravure de 1812, la roue motrice dentée de la locomotive engrène sur une crémaillère placée le long de la voie, donnant ainsi l'adhérence recherchée.

CHAOS

Cette gravure satirique de 1828 est une vision d'artiste représentant les rues de Londres encombrées de véhicules à vapeur.

Puffing Billy est l'une des deux plus anciennes locomotives à vapeur du monde qui aient été conservées.

«PUFFING BILLY»

Puffing Billy a été construite par William Hedley à Wylam, dans le nord de la Grande-Bretagne, en 1813. Elle servait au remorquage des wagons de charbon entre une mine de houille et une rivière voisine de 8 km. Elle montra que, pour la locomotive, l'adhérence d'une roue lisse sur un rail lisse, à condition d'être bien étudiée, était suffisante pour tirer une charge. Comme les gens se plaignaient du bruit et de la fumée, *Puffing Billy* dut être modifiée de telle façon que la vapeur passât dans un orifice réducteur de bruit avant d'être dirigée dans la cheminée.

Pelle à charbon utilisée à la chauffe de *Puffing Billy*

Le mécanicien se tenait sur cette plate-forme.

Tender emportant le combustible et l'eau

LA LOCOMOTIVE À TOUTE VAPEUR

L'Anglais George Stephenson, le «père des chemins de fer», donna à la locomotive ses perfectionnements définitifs. Il est le véritable créateur de la traction à vapeur sur voie ferrée. Associé à son fils Robert, il établit en 1823 une usine qui produisit des locomotives à vapeur pour le monde entier. Vers le milieu du XIXe siècle, la locomotive à vapeur avait été adoptée partout en raison de ses qualités de robustesse, de simplicité et de fiabilité. Ses dispositions de base demeurèrent inchangées jusqu'à ce que les locomotives diesels-électriques et électriques sonnent le glas de l'ère de la vapeur (pp. 38 à 41).

LA VAPEUR POUR TOUS
Le chemin de fer de Stockton à Darlington, ouvert en 1825 en Grande-Bretagne, fut le premier à utiliser la locomotive à vapeur dès son inauguration. A l'origine, cette ligne était réservée aux trains de marchandises. A partir de 1833 les locomotives furent attelées aux wagons de voyageurs.

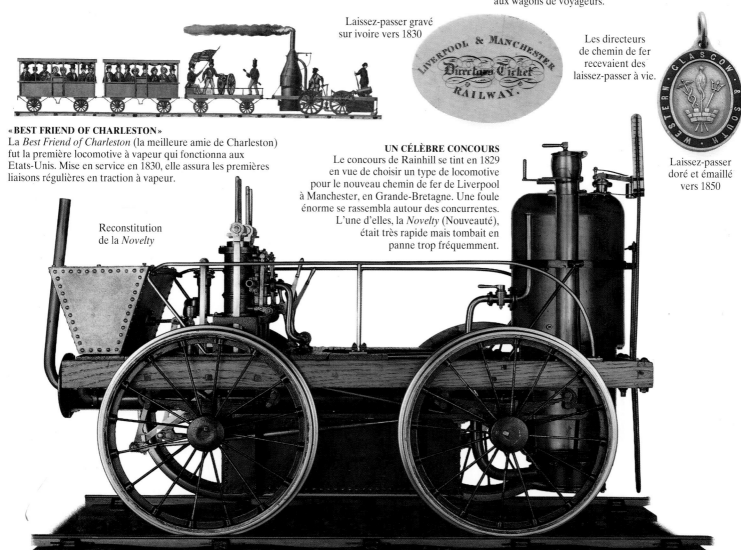

Laissez-passer gravé
sur ivoire vers 1830

LIVERPOOL & MANCHESTER
Directors Ticket
RAILWAY.

Les directeurs de chemin de fer recevaient des laissez-passer à vie.

WESTERN GLASGOW & SOUTH

Laissez-passer doré et émaillé vers 1850

«BEST FRIEND OF CHARLESTON»
La *Best Friend of Charleston* (la meilleure amie de Charleston) fut la première locomotive à vapeur qui fonctionna aux Etats-Unis. Mise en service en 1830, elle assura les premières liaisons régulières en traction à vapeur.

UN CÉLÈBRE CONCOURS
Le concours de Rainhill se tint en 1829 en vue de choisir un type de locomotive pour le nouveau chemin de fer de Liverpool à Manchester, en Grande-Bretagne. Une foule énorme se rassembla autour des concurrentes. L'une d'elles, la *Novelty* (Nouveauté), était très rapide mais tombait en panne trop fréquemment.

Reconstitution
de la *Novelty*

LA VAPEUR ATTEINT L'EUROPE
Après le succès de la ligne Liverpool-Manchester en 1830, les chemins de fer à vapeur furent adoptés en Europe. Cette gravure montre un train allant de Leipzig à Dresde, en Allemagne, en 1837.

LES AMÉRICAINES CLASSIQUES
Les locomotives à vapeur yankees ne pouvaient être confondues avec d'autres : elles avaient une grosse lampe frontale, un chasse-bœufs en bois pour écarter les animaux de la voie, et des cloches en bronze.

Robert Stephenson

«FLYING SCOTSMAN»
L'un des trains les plus célèbres des années 1920 était le «Flying Scotsman» (l'Ecossais volant), remorqué par une locomotive à vapeur du même nom. Il effectuait la liaison Londres-Edimbourg en Ecosse, soit 633 km.

LE VAINQUEUR DU CONCOURS
La *Rocket* (Fusée) gagna le concours de Rainhill en 1829. Ce faisant, elle montra pour toujours la supériorité sur le cheval de la traction à vapeur adaptée à une voie ferrée. Robert Stephenson contribua largement à la conception de cette machine.

La *Rocket*, construite en 1829

LE PISTON FAIT FONCTIONNER LA MACHINE

Les principes de fonctionnement de toute locomotive à vapeur sont les mêmes depuis l'origine. Tout d'abord, le charbon qui brûle dans le foyer chauffe l'eau contenue dans la chaudière, produisant ainsi de la vapeur. Celle-ci impulse au piston un mouvement de va-et-vient. Le mouvement alternatif du piston est transformé en mouvement rotatif par l'intermédiaire d'un système bielle-manivelle. Il faut environ trois heures à l'équipe qui en a la charge – un mécanicien et un chauffeur – pour que la locomotive soit en pression et en ordre de marche.

Locomotive américaine

DISPOSITION D'ESSIEUX
Les classes de locomotives à vapeur sont définies par la disposition de leurs essieux. Pour certains, cette locomotive comportant un bogie à 4 roues, 6 roues motrices et 2 roues porteuses est une 462. En France, où l'on compte les essieux et non pas les roues, c'est une 231.

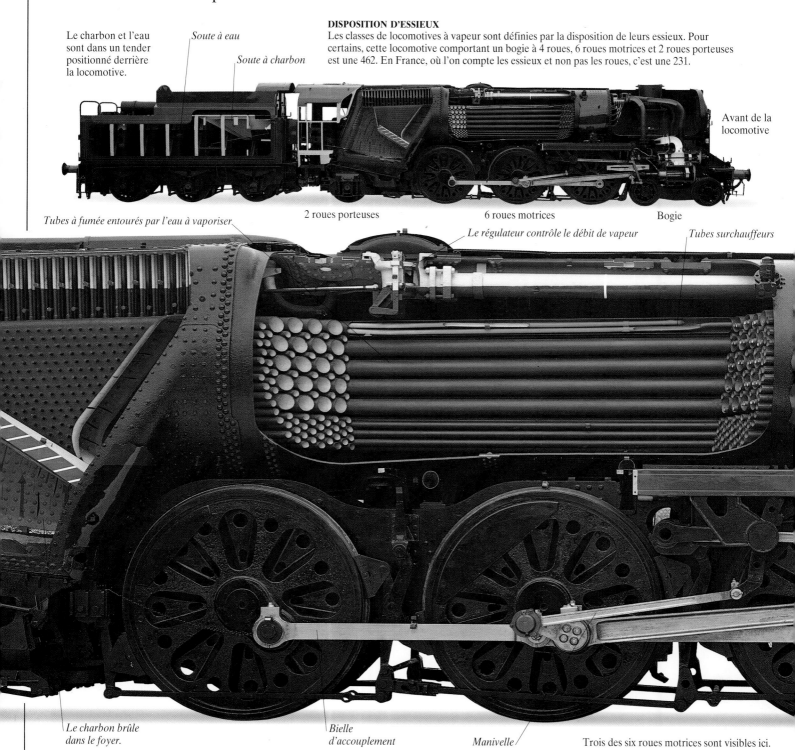

Le charbon et l'eau sont dans un tender positionné derrière la locomotive.

Soute à eau

Soute à charbon

Avant de la locomotive

Tubes à fumée entourés par l'eau à vaporiser

2 roues porteuses

6 roues motrices

Bogie

Le régulateur contrôle le débit de vapeur

Tubes surchauffeurs

Le charbon brûle dans le foyer.

Bielle d'accouplement

Manivelle

Trois des six roues motrices sont visibles ici.

14

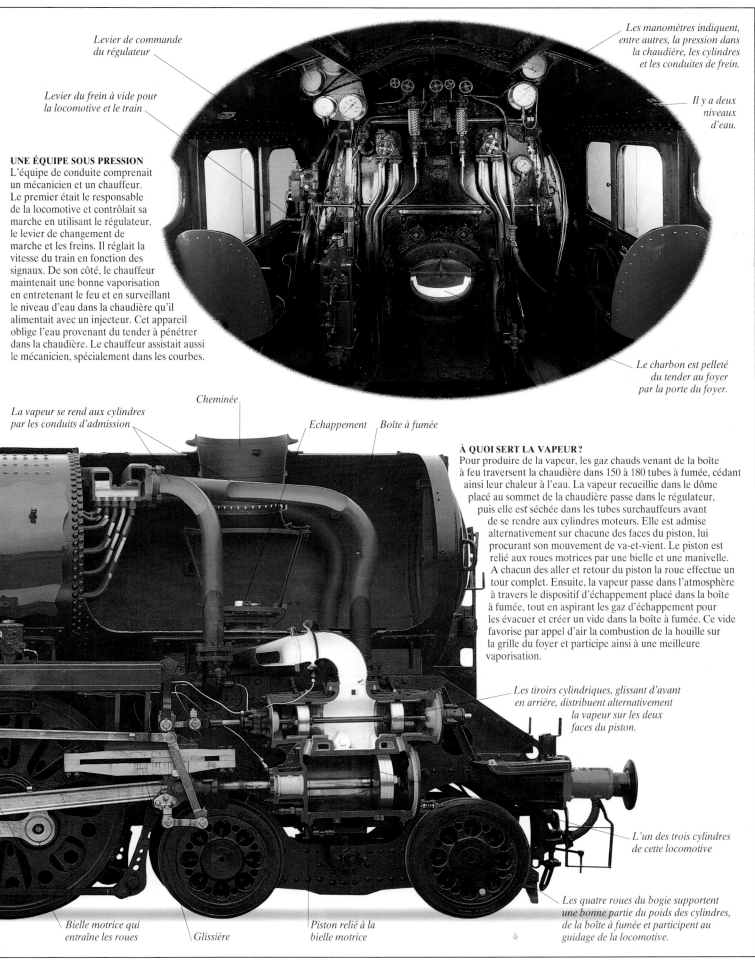

Levier de commande
du régulateur

Levier du frein à vide pour
la locomotive et le train

Les manomètres indiquent,
entre autres, la pression dans
la chaudière, les cylindres
et les conduites de frein.

Il y a deux
niveaux
d'eau.

UNE ÉQUIPE SOUS PRESSION
L'équipe de conduite comprenait
un mécanicien et un chauffeur.
Le premier était le responsable
de la locomotive et contrôlait sa
marche en utilisant le régulateur,
le levier de changement de
marche et les freins. Il réglait la
vitesse du train en fonction des
signaux. De son côté, le chauffeur
maintenait une bonne vaporisation
en entretenant le feu et en surveillant
le niveau d'eau dans la chaudière qu'il
alimentait avec un injecteur. Cet appareil
oblige l'eau provenant du tender à pénétrer
dans la chaudière. Le chauffeur assistait aussi
le mécanicien, spécialement dans les courbes.

Le charbon est pelleté
du tender au foyer
par la porte du foyer.

La vapeur se rend aux cylindres
par les conduits d'admission

Cheminée

Echappement   Boîte à fumée

À QUOI SERT LA VAPEUR ?
Pour produire de la vapeur, les gaz chauds venant de la boîte
à feu traversent la chaudière dans 150 à 180 tubes à fumée, cédant
ainsi leur chaleur à l'eau. La vapeur recueillie dans le dôme
placé au sommet de la chaudière passe dans le régulateur,
puis elle est séchée dans les tubes surchauffeurs avant
de se rendre aux cylindres moteurs. Elle est admise
alternativement sur chacune des faces du piston, lui
procurant son mouvement de va-et-vient. Le piston est
relié aux roues motrices par une bielle et une manivelle.
A chacun des aller et retour du piston la roue effectue un
tour complet. Ensuite, la vapeur passe dans l'atmosphère
à travers le dispositif d'échappement placé dans la boîte
à fumée, tout en aspirant les gaz d'échappement pour
les évacuer et créer un vide dans la boîte à fumée. Ce vide
favorise par appel d'air la combustion de la houille sur
la grille du foyer et participe ainsi à une meilleure
vaporisation.

Les tiroirs cylindriques, glissant d'avant
en arrière, distribuent alternativement
la vapeur sur les deux
faces du piston.

L'un des trois cylindres
de cette locomotive

Bielle motrice qui
entraîne les roues

Glissière

Piston relié à la
bielle motrice

Les quatre roues du bogie supportent
une bonne partie du poids des cylindres,
de la boîte à fumée et participent au
guidage de la locomotive.

À LA CONQUÊTE DU MONDE

L'ouverture du premier chemin de fer « moderne » en
Angleterre, en 1830, suscita l'intérêt du monde entier.
Beaucoup de gens vinrent le voir et l'empruntèrent.
Des pays s'équipèrent alors de chemins de fer sur le modèle
anglais, les équipements étant fabriqués outre-Manche.
Puis, chaque pays construisit son matériel suivant ses
propres normes. La France développa une production
originale de locomotives à vapeur à partir des années
1850. Mais déjà, depuis les années 1830, les États-
Unis exportaient des locomotives en Europe.
Les chemins de fer ont eu une grande influence
sur le commerce et les voyages.

**L'ALLEMAGNE
LA PREMIÈRE**
Le premier chemin de fer
allemand à vapeur fut
ouvert en 1835 entre
Nuremberg et Fürth, sur
une distance de 8 km. La
locomotive anglaise que
l'on voit ici était baptisée
Der Adler (L'Aigle).

LOCOMOTIVE ANGLO-INDIENNE
La forte influence anglaise aux Indes, qui dura jusqu'en 1947,
eut pour conséquence la construction en Grande-Bretagne de
nombreuses locomotives, voitures et équipements ferroviaires.
Ainsi, ce modèle réduit représente une locomotive typique, construite
en Angleterre pour les chemins de fer de l'Inde de l'Est, pour lesquels
ont été ajoutés les stores sur l'abri et la grosse lampe frontale.

Main courante

LA VAPEUR JAPONAISE
Au Japon, le premier chemin de fer
à vapeur fut inauguré en 1872. Cette
gravure sur bois du XIXᵉ siècle
souligne le contraste entre la
technologie du transport moderne
de l'époque – la locomotive à vapeur –
et les transports traditionnels du Japon,
tels les chevaux ou les pousse-pousse.

Unité motrice

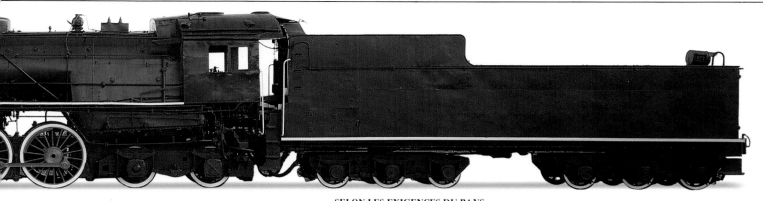

À PARIS
L'ouverture des chemins de fer suscita le plus grand intérêt. Cette toile montre le premier chemin de fer ouvert au public en France. Il fut inauguré en 1837 et reliait Paris au Pecq, à l'ouest de la capitale.

SELON LES EXIGENCES DU PAYS
Cette puissante locomotive a été étudiée et construite en Angleterre, au milieu des années 1930, pour les chemins de fer nationaux chinois. Elle est plus large et plus haute que ne le permettent les normes européennes. Le tender est doté de la plus grande capacité possible de façon à pouvoir transporter une énorme quantité d'eau et de charbon, afin de remorquer des trains lourds sur de grandes distances.

FABRIQUÉE OUTRE-ATLANTIQUE
L'*Austria* a été conçue par William Norris de Philadelphie, construite en 1843 et exportée en Autriche. Elle était destinée aux lignes à fortes rampes et aux courbes de faible rayon.

Après la Tasmanie, des locomotives plus puissantes du type Beyer-Garratt ont été utilisées en Afrique, aux Indes, en Australie et en Grande-Bretagne.

LOCOMOTIVE POUR LA TASMANIE
Cette locomotive du type Beyer-Garratt a été construite en Grande-Bretagne en 1909. C'était la première d'une nouvelle sorte de locomotive articulée, destinée aux lignes à courbes de faible rayon. Les deux unités motrices pivotaient aux extrémités du châssis principal.

LE CHEVAL DE FER EN AMÉRIQUE

Les États-Unis ont vu leur histoire et leur développement particulièrement influencés par un nouveau mode de transport. En effet, si, en Europe, les nouveaux chemins de fer desservaient les villes existantes, aux États-Unis, ils furent à l'origine de nombreuses agglomérations. Dès 1869, les Nord-Américains pouvaient par ce moyen traverser leur continent d'est en ouest. Au début du XXᵉ siècle, la plupart d'entre eux habitaient à quarante kilomètres en moyenne d'une voie ferrée. Les fortunes bâties alors grâce au chemin de fer ont décliné, à cause de la concurrence routière et aérienne. De nos jours, un renouveau du chemin de fer est notable là où les voies ferrées électrifiées permettent d'éviter les encombrements. En outre, des trains de plus en plus rapides attirent la clientèle des hommes d'affaires.

LE CRAMPON D'OR
Le 10 mai 1869, les États-Unis furent enfin traversés d'est en ouest par une voie ferrée, quand le dernier crampon, en or, fut enfoncé, marquant la jonction du chemin de fer de l'Union Pacific à celui du Central Pacific.

Une grande cheminée améliorait le tirage et rendait la locomotive plus puissante, mais interdisait les tunnels trop bas sur la ligne.

« TOM THUMB »
En 1830, *Tom Thumb* (Tom Pouce), une petite locomotive expérimentale à chaudière verticale, effectua son premier trajet sur les 21 km de la section achevée du chemin de fer Baltimore et Ohio. *Tom Thumb* participa aussi à un célèbre concours, représenté ici, avec un train hippomobile. Le cheval gagna.

Roue à boudin

LA PREMIÈRE
La *Stourbridge Lion*, première locomotive à vapeur à roues à boudin, fut construite en Angleterre en 1829. Elle était semblable à l'*Agenoria* que l'on voit ici.

Abri du mécanicien

Tender

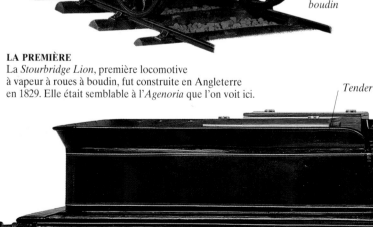

LE MOTEUR DE LA CROISSANCE AMÉRICAINE
L'ouverture du continent, grâce au chemin de fer, a été ressentie comme une grande œuvre au potentiel extraordinaire. Ce nouveau moyen de transport devait jouer un rôle très important dans la croissance et la richesse de nombreuses villes aux Etats-Unis.

DÉFENSE DU TERRITOIRE
Pendant la construction des voies ferrées à l'ouest de Chicago, les trains étaient quelquefois attaqués par les Peaux-Rouges. Ce n'était pas des attaques gratuites, mais des actions engagées pour défendre leur mode de vie qui était menacé. Les pionniers qui apparaissaient dans le sillage du chemin de fer chassaient les Indiens de leur territoire pour l'occuper.

Essieu pivotant

Chasse-bœufs évitant que les animaux fassent dérailler le train

«JOHN BULL»
Ce modèle de locomotive à 4 roues a été mis au point par Robert Stephenson. La machine fut expédiée par bateau, en éléments séparés, en 1831. Elle montra bientôt une tendance à dérailler, et fut en conséquence la première locomotive à être équipée d'un essieu pivotant, positionné à l'avant des roues motrices.

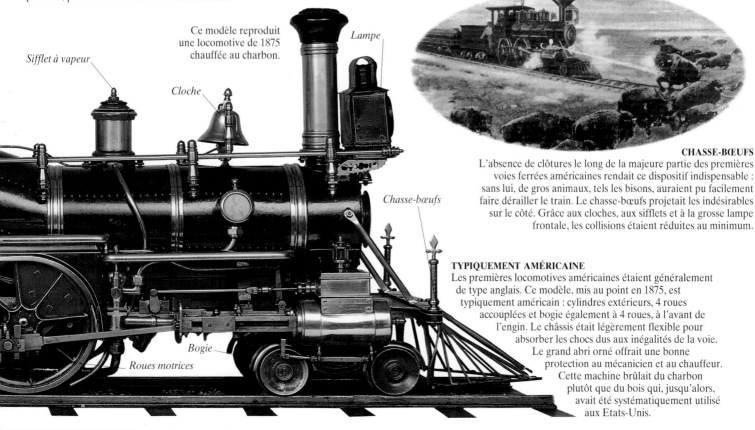

Ce modèle reproduit une locomotive de 1875 chauffée au charbon.

Lampe

Sifflet à vapeur

Cloche

Chasse-bœufs

Bogie

Roues motrices

CHASSE-BŒUFS
L'absence de clôtures le long de la majeure partie des premières voies ferrées américaines rendait ce dispositif indispensable : sans lui, de gros animaux, tels les bisons, auraient pu facilement faire dérailler le train. Le chasse-bœufs projetait les indésirables sur le côté. Grâce aux cloches, aux sifflets et à la grosse lampe frontale, les collisions étaient réduites au minimum.

TYPIQUEMENT AMÉRICAINE
Les premières locomotives américaines étaient généralement de type anglais. Ce modèle, mis au point en 1875, est typiquement américain : cylindres extérieurs, 4 roues accouplées et bogie également à 4 roues, à l'avant de l'engin. Le châssis était légèrement flexible pour absorber les chocs dus aux inégalités de la voie. Le grand abri orné offrait une bonne protection au mécanicien et au chauffeur. Cette machine brûlait du charbon plutôt que du bois qui, jusqu'alors, avait été systématiquement utilisé aux Etats-Unis.

LES HOMMES
OUVRENT LA VOIE

Établir un chemin de fer est un énorme travail. Étant donné que les trains ne peuvent pas gravir de trop fortes rampes, la plus courte distance entre deux points n'est pas toujours facile à établir. Les trains empruntent souvent des tracés plus longs mais moins accidentés. Tranchées, talus, ponts et tunnels doivent être aménagés pour maintenir autant que possible la voie horizontale et ne pas trop allonger le tracé. L'ingénieur responsable choisit l'itinéraire en décidant quelle rampe la plus forte est autorisée. Il prend en compte les types de trains et le rapport entre la vitesse à observer et les charges à remorquer. Dans certains pays montagneux, on évite les très fortes pentes en pratiquant des rebroussements, ou paliers, successifs.

La pioche du terrassier

OUTILS PRIMITIFS
La plupart des outils de base, comme cette pioche, étaient utilisés pour la construction des premiers chemins de fer. On employait aussi des pelles, des hottes (pour transporter les briques), des brouettes, des treuils simples et des échafaudages de bois. La poudre était utilisée pour faire sauter les rochers. La plupart des travailleurs, ou «terrassiers», qui se servaient de ces outils vivaient dans des logements de fortune installés près du site.

UN TRAVAIL LONG ET PÉNIBLE
Les premières tranchées pratiquées dans le rocher, à l'image de celle-ci exécutée en 1831, ont été creusées avec des outils primitifs. L'essentiel des rochers de déblai était utilisé à la fabrication de dés de pierre (ancêtres des traverses).

CHANTIER MOBILE
Au XIXᵉ siècle, les chemins de fer américains étaient construits par des équipes vivant dans des wagons. Le train véhiculait ainsi les ouvriers au fur et à mesure de la progression de la voie, et fournissait le chauffage à vapeur et l'eau chaude. Les fournitures et les rails neufs étaient transportés par d'autres trains. La terre déblayée était souvent utilisée à la mise en place des talus. Le pont sur chevalet de bois, ci-contre, a dû être construit en utilisant des matériaux pris sur le site.

Une équipe américaine de construction vers 1885

JETER DES PONTS
Lorsqu'on prévoyait de jeter un pont sur une rivière, on devait créer au milieu de celle-ci une île provisoire faite de rochers, ou bien enfoncer des pieux dans le lit du cours d'eau. La construction du pont pouvait alors commencer. Ce pont ancien est soutenu par des estacades de bois. Son arche est ovale. Sa forme a été étudiée pour contrebalancer le point où le pont fléchit sous la charge la plus lourde. Ce type de pont a été utilisé couramment dans la construction des voies ferrées.

Modèle d'un pont à treillis et arche ovale de 1848

Le Royal Albert Bridge, en Grande-Bretagne, intègre les éléments de plusieurs types de ponts.

PLUSIEURS TYPES DE PONTS

Il existe plusieurs types de ponts ferroviaires, chacun s'adaptant à la topographie d'un lieu. Les ponts cantilever (en porte à faux) sont construits quand une large travée, sur une voie d'eau par exemple, est nécessaire. Les ponts à poutres de bois dérivent de l'idée initiale du tronc d'arbre placé en travers d'une rivière. Ils comportent des piliers qui seront faits par la suite en maçonnerie. La conception des ponts sur chevalets se rapproche de celle des ponts à poutres. Quant aux ponts à arches, ils peuvent présenter des supports incurvés sur lesquels repose le tablier supportant la voie.

UN PIONNIER

L'Anglais Isambard Kingdom Brunel (1806-1859) fut un éminent ingénieur civil et mécanicien. Il dirigea en Grande-Bretagne la construction de nombreux chemins de fer, tunnels et ponts comme le Royal Albert Bridge, près de Plymouth.

LE TUNNEL SOUS LA MANCHE

Construire un tunnel sous-marin est une victoire de l'ingénierie d'aujourd'hui. Celui que l'on perce sous la Manche va permettre en 1993 une liaison ferroviaire (p. 63) entre la Grande-Bretagne et la France. Sa longueur est de 49,8 km, dont 38,6 sous la mer. Le travail de construction est largement automatisé. Les perforatrices, au diamètre du tunnel, sont allées à la rencontre l'une de l'autre. Après leur jonction, les machines ont été enterrées, car il était trop difficile de les évacuer.

QUI PAIE ?

Un grand nombre de chemins de fer a été financé avec l'aide des Etats, par l'émission de titres en bourse. Les gouvernements favorisaient les chemins de fer parce qu'ils étaient d'une grande importance commerciale et militaire.

ALLER ET VENIR

Les gares de voyageurs (pp. 48-49) sont étudiées pour faciliter l'arrivée et le départ des voyageurs, et leur proposer différents services.

Les ponts jetés sur les fleuves importants doivent être suffisamment hauts, de façon à laisser le libre passage aux navires.

AUCUN OBSTACLE NE LEUR RÉSISTE

Au fur et à mesure que le chemin de fer se développait, il fallait vaincre les obstacles qui limitaient son extension. Ils étaient avant tout physiques, en relation avec la nature du terrain sur lequel on se proposait d'établir la voie ferrée – tels les vallées profondes, les collines et les montagnes, les grands fleuves ou les lacs – et ils furent vaincus par les ingénieurs. Des ponts plus longs purent être construits dans des situations difficiles, par-dessus des vallées encaissées et des gorges. Aujourd'hui, il existe de nombreux et puissants trains à grande vitesse qui roulent sur des lignes tracées à cet effet, grâce aux progrès technologiques. Les derniers obstacles au développement ferroviaire sont essentiellement économiques et financiers.

RECORD DE PORTÉE
Le pont du port de Sydney grave sa silhouette familière sur le ciel de la grande ville. Il est connu pour avoir la plus grande portée d'arche au monde (503 m). Quand il fut achevé, en 1932, il portait deux lignes de chemin de fer et deux lignes de tramway. De nos jours, s'y sont ajoutées huit voies routières, une piste pour piétons ainsi qu'une piste cyclable.

VIRER
Il fallait des locomotives puissantes pour remorquer les trains circulant dans des pays au relief tourmenté, là où les lignes présentent de fortes rampes et des courbes de faible rayon. Mais ces locomotives étaient ordinairement longues et lourdes et, de ce fait, ne pouvaient pas épouser les courbes serrées. Une solution au problème a été de regrouper la totalité des roues sous le châssis de la machine. Finalement, on préféra les bogies pivotants, attachés sous le châssis servant de support à la chaudière. Ce dispositif permit aux trains de négocier les courbes difficiles.

Locomotive-tender articulée Meyer-Kitson, construite en 1903 pour le Chili

NAVIGUER
Les ferry-boats sont utilisés depuis le milieu du XIXᵉ siècle. Les voyageurs qui empruntent un train n'ont pas à le quitter le temps d'une traversée sur l'eau.

GRIMPER
En 1873, un train atteignit le sommet du mont Rigi, près de Lucerne, en Suisse, grâce à une crémaillère. C'était le premier de ce genre en Europe. Un rail denté était positionné entre les deux rails, et une forte dent placée sous la locomotive, engrenant dans la crémaillère, permettait au convoi de gravir la pente.

ATTRACTION POUR TOURISTES
L'escalade des montagnes et les vues panoramiques en train à vapeur devinrent une grande attraction touristique au XIXᵉ siècle. Le chemin de fer du massif du Snowdon, au pays de Galles, ouvert en 1896, était pourvu d'un système à crémaillère.

FRANCHIR
Le pont sur le détroit de Forth, en Ecosse, l'un des plus grands jamais construits, a été achevé en 1890. C'est le plus vieux pont cantilever (p. 21) au monde, et il est encore en service.

Bien que cette locomotive ne soit dotée que d'une seule chaudière, elle possède deux unités motrices (chacune ayant sa cheminée propre) montées sur bogies articulés. Cette disposition la rendait suffisamment efficace lors de la montée des rampes les plus difficiles.

LA PREMIÈRE CRÉMAILLÈRE
Le premier chemin de fer à crémaillère ouvrit en 1869, dans le New Hampshire, aux Etats-Unis. Cette ligne utilisait à l'origine une crémaillère en fer forgé, semblable à une échelle avec ses barreaux, le long d'une rampe d'une déclivité de 30 %, soit 3 cm par m. Pour un chemin de fer ordinaire, 30 ‰ (3 mm par m) est considéré comme une forte rampe!

Unité motrice facilitant l'inscription de la locomotive dans les courbes serrées

LES RAILS GUIDENT LES CONVOIS

Le potentiel des locomotives ne put être exploité avant que des rails plus solides fussent disponibles. En effet, les rails primitifs en fonte se cassaient facilement. Ils furent remplacés par des rails laminés en fer forgé et, à partir de 1870, par l'acier. La distance entre les rails s'appelle l'écartement et varie d'une région à l'autre du monde. Beaucoup de chemins de fer, particulièrement ceux qui ont des difficultés topographiques à vaincre, sont établis en voie étroite, moins chère et plus aisée à poser et à entretenir. Les voies sont constamment améliorées de façon à pouvoir supporter des trains plus lourds et rapides. Pour une grande douceur de roulement, la plupart des lignes sont équipées de longs rails soudés, en lieu et place des barres courtes à joints de dilatation, qui étaient à l'origine du « tac tac » caractéristique et régulier de tout voyage ferroviaire.

POSE DE VOIES
Cet ouvrage demandait le concours de nombreuses équipes d'hommes pour soulever puis positionner les rails. Il existait peu d'équipements, mais la main-d'œuvre à bon marché était abondante. Aujourd'hui, un tel travail est presque totalement automatisé.

CHANGEMENT DE VOIE
Le tracé des voies à proximité des grandes gares peut être extrêmement complexe. Afin de permettre aux trains de changer de voie, des dispositifs constitués de rails mobiles, appelés aiguillages, ont été posés. Assez compliqués à l'origine, les aiguillages ont été simplifiés, autant que faire se peut.

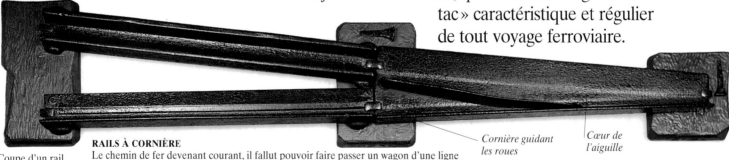

Coupe d'un rail primitif (1799)

Cornière guidant les roues

Cœur de l'aiguille

RAILS À CORNIÈRE
Le chemin de fer devenant courant, il fallut pouvoir faire passer un wagon d'une ligne à une autre sans avoir à le soulever. Ceci a été rendu possible en faisant se joindre deux lignes en des points précis appelés aiguillages. Les rails plats à cornière (ci-dessus), avec leur section à angle droit, se prêtaient mal à ces installations. C'est pourquoi ils furent remplacés, dans les années 1820, par des rails à bords lisses, adaptés aux roues à boudin.

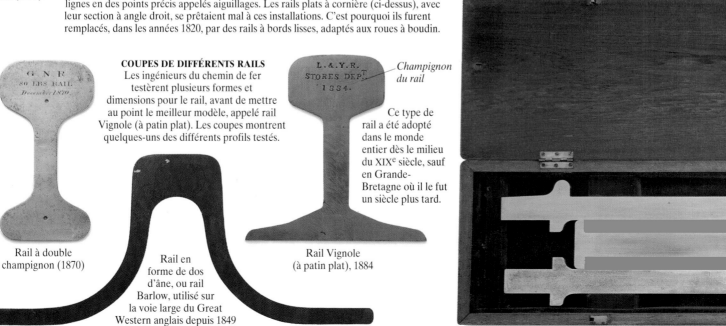

COUPES DE DIFFÉRENTS RAILS
Les ingénieurs du chemin de fer testèrent plusieurs formes et dimensions pour le rail, avant de mettre au point le meilleur modèle, appelé rail Vignole (à patin plat). Les coupes montrent quelques-uns des différents profils testés.

G.N.R
80 LBS RAIL
December 1870

L.&.Y.R.
STORES DEPT
1884.

Champignon du rail

Ce type de rail a été adopté dans le monde entier dès le milieu du XIXe siècle, sauf en Grande-Bretagne où il le fut un siècle plus tard.

Rail à double champignon (1870)

Rail en forme de dos d'âne, ou rail Barlow, utilisé sur la voie large du Great Western anglais depuis 1849

Rail Vignole (à patin plat), 1884

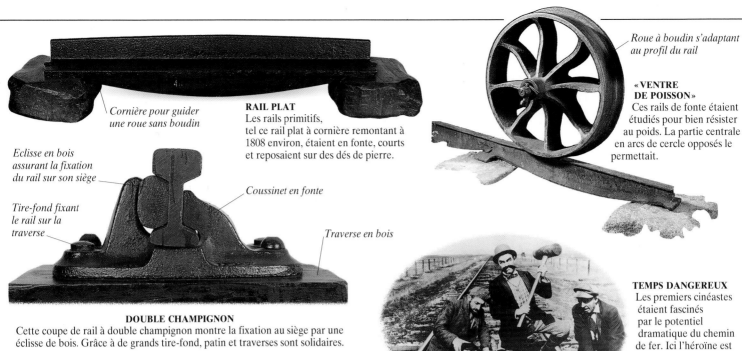

Cornière pour guider une roue sans boudin

RAIL PLAT
Les rails primitifs, tel ce rail plat à cornière remontant à 1808 environ, étaient en fonte, courts et reposaient sur des dés de pierre.

Roue à boudin s'adaptant au profil du rail

«VENTRE DE POISSON»
Ces rails de fonte étaient étudiés pour bien résister au poids. La partie centrale en arcs de cercle opposés le permettait.

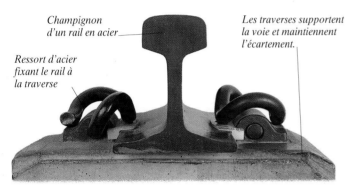

Eclisse en bois assurant la fixation du rail sur son siège

Coussinet en fonte

Tire-fond fixant le rail sur la traverse

Traverse en bois

DOUBLE CHAMPIGNON
Cette coupe de rail à double champignon montre la fixation au siège par une éclisse de bois. Grâce à de grands tire-fond, patin et traverses sont solidaires.

Champignon d'un rail en acier

Les traverses supportent la voie et maintiennent l'écartement.

Ressort d'acier fixant le rail à la traverse

TEMPS DANGEREUX
Les premiers cinéastes étaient fascinés par le potentiel dramatique du chemin de fer. Ici l'héroïne est attachée sur une voie faite de rails Vignole.

VIGNOLE
Les rails Vignole modernes, en acier, sont fixés sur un capitonnage de caoutchouc, maintenu sur la traverse en béton par un assemblage de ressorts en acier. Les premiers rails Vignole étaient directement attachés aux traverses par des tire-fond.

CORRESPONDANCES
Les chemins de fer ayant des écartements différents, il fallait changer de train, ce qui causait agitation et fatigue pour les voyageurs encombrés de bagages. Et le coût du transfert des marchandises d'un train à un autre pouvait être très élevé.

F.D.BANISTER Esq, C.E.

LA MESURE DE L'ÉCARTEMENT
Des règles spéciales en acier étaient utilisées dès le XIXe siècle pour vérifier la distance entre deux rails, ou écartement. Celui-ci était mesuré entre les bords intérieurs des rails. La voie normale, dans de nombreux pays d'Europe et en Amérique du Nord, est à l'écartement de 1,435 m. La voie large a un écartement supérieur à celui de la voie normale, et la voie étroite un écartement inférieur.

Règle d'écartement

LES MARCHANDISES PRÉFÉRAIENT LE RAIL

Les premiers trains ont d'abord servi au transport du charbon et des minerais. Limités à deux ou trois wagons, ils étaient hippomobiles. Avec l'essor de la vapeur (pp. 10-11), des trains moins courts, roulant à des vitesses supérieures purent être mis en service, rendant ainsi le transport par chemin de fer plus efficace et économique. Avec le développement du réseau, de nombreux convois transportèrent des matières premières vers les usines et, de là, distribuèrent les produits finis. Au début, tous les trains de marchandises étaient très lents, parce que les freins ne permettaient pas un arrêt assez rapide en cas d'urgence. Les progrès techniques réalisés depuis cette époque font qu'aujourd'hui les trains de marchandises peuvent rouler à plus de cent kilomètres à l'heure.

ALLEZ-Y PAR LE TRAIN
Ce timbre de l'ex-Allemagne de l'Est rappelle que le fait de transporter de lourdes charges par rail contribue à soulager les routes et à réduire les embouteillages routiers.

BÉTAIL ET VOYAGEURS
Les premiers chemins de fer publics, dans les années 1830, transportaient à la fois les voyageurs et les marchandises. C'est ainsi que, jusqu'à une date récente, on acheminait aussi le bétail.

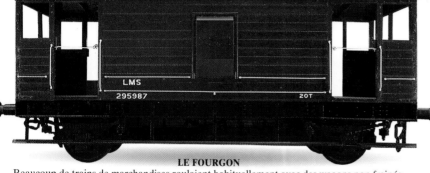

LE FOURGON
Beaucoup de trains de marchandises roulaient habituellement avec des wagons non freinés. Le seul moyen de contrôler la marche du convoi était de freiner la locomotive et d'utiliser le frein à main du garde placé dans le fourgon. Ce système de freinage était si peu efficace que, pour leur sécurité, même les trains courts ne pouvaient dépasser 50 km/h.

LES MARCHANDISES
Aujourd'hui, la plupart des trains sont chargés et déchargés automatiquement, chacun d'eux transportant une catégorie bien définie de marchandises. Ce qui n'était pas le cas naguère. Dans les entrepôts, les charges étaient déplacées entre wagons et camions au moyen de grues.

PUISSANT DIESEL
En 1939, aux Etats-Unis, la locomotive diesel-électrique fit ses preuves. Au milieu des années 1950, elle avait remplacé la vapeur pour le trafic des marchandises.

ACCOUPLEMENT
Pendant des années, les wagons furent accouplés par trois chaînes. Les employés au débranchement risquaient l'accident quand ils accouplaient ou décrochaient à la main. Mais ils pouvaient effectuer ce travail avec une perche.

Crochet de la perche de débranchement

STANTON

☐ ★
9988
TARE 7~4~3
LOAD 12 TONS

Wagon
de charbon
d'une mine
du nord
de l'Angleterre

*Porte pour le
déchargement*

Frein à main

À DEUX ESSIEUX
En Europe, une bonne part
du trafic marchandises est
encore assurée par des wagons
à deux essieux. Celui-ci,
affecté au transport du charbon,
est découvert. Automatiquement
chargé par-dessus, il devait être déchargé à la pelle.

CHARGES LOURDES
De nos jours, les wagons
de marchandises bien conçus
transportent rapidement de très
lourdes charges. Ils sont équipés
de freins à air commandés depuis
la locomotive.

FEU DE QUEUE
Tous les wagons de queue
comportent une lampe
rouge qui indique
que le convoi est complet.

**ASS
D** LINED **DAIRIES**
UD
TANK

M★S   44057   SHUNT WITH CARE

WAGON LAITIER
Le chemin de fer
contribua à la santé
publique en
permettant la
livraison rapide
des produits frais.
Vers 1930, le lait était transporté
dans des wagons-citernes à la cuve en verre,
qui étaient freinés depuis la locomotive.

C'ÉTAIT AU TEMPS DES TROIS CLASSES

Que d'améliorations depuis les premières voitures de voyageurs jusqu'aux wagons silencieux d'aujourd'hui ! À l'époque, les chemins de fer offraient trois classes. La meilleure, ou première classe, consistait en des compartiments semblables à ceux d'une diligence. Ils avaient des fenêtres vitrées et des sièges matelassés. La voiture de deuxième classe était ouverte latéralement, mais pourvue de sièges convenables, tandis que la troisième ne disposait d'aucune toiture et n'avait que des bancs rudimentaires. Le confort s'est ensuite amélioré, toutes les voitures furent chauffées et aménagées avec des couloirs latéraux qui donnaient accès aux toilettes-lavabos et à la voiture-restaurant. Les couloirs facilitaient les déplacements des contrôleurs.

SALON RÉSERVÉ
Les voyageurs de 1re classe étaient accueillis dans des voitures confortables et spacieuses, où ils pouvaient tenir des conversations privées. Voyager par chemin de fer, dans la seconde moitié du XIXe siècle, était, pour ces gens-là, une agréable aventure.

Billet américain de 1re classe

Billet australien de 2e classe

Billet britannique de 3e classe

TITRE DE TRANSPORT
Les billets prouvent que les voyageurs ont bien acquitté le prix de leur parcours. Les billets ci-dessus ressemblent beaucoup à ceux émis en Angleterre à partir de 1837.

PINCE DE CONTRÔLE
Pour prouver qu'un billet a été utilisé et contrôlé, il est perforé, marqué ou timbré.

Porte des toilettes

Lampe de chevet

Sièges confortables

CLASSE CONFORT
Le compartiment de 1re classe du train anglais ci-dessous présente un agencement similaire à ceux des 2e et 3e classes. Mais les voyageurs y disposent de plus de place pour les jambes et de sièges larges et rembourrés. Le voyage était encore plus tranquille s'il s'effectuait dans un compartiment éloigné des secousses et des chocs des roues.

Compartiment de 3e classe

Toilettes

WATERLOO

THIRD 6474 FIRST LSWR

TROIS CLASSES
Les premières images des trains à vapeur des années 1830 montrent le compartiment fermé de 1ʳᵉ classe avec le garde et les bagages installés sur le toit. Les voitures des 2ᵉ et 3ᵉ classes n'étaient pas fermées.

Toilettes

CLASSE IMMIGRANTS
Au siècle dernier, le développement des chemins de fer et des liaisons par bateau à vapeur ouvrit les portes à une immigration massive. Ce fut tout particulièrement vrai pour l'Amérique du Nord, quand les chemins de fer joignirent la côte est au «Middle West» et, par la suite, à la côte ouest. Les immigrants européens se dirigeaient vers l'ouest dans des trains spéciaux souvent bondés.

MOYENNE CLASSE
Comparé au compartiment de 1ʳᵉ classe, celui-ci était plus simple et offrait moins de place pour les jambes. Mais l'écart de confort entre les différentes classes a diminué, et, en 1956, la SNCF a supprimé la 3ᵉ classe.

Affichettes publicitaires ferroviaires

TEMPS DIFFICILES
Au début, le compartiment de 3ᵉ classe était fort différent de celui de 1ʳᵉ. Trois à quatre fois plus de voyageurs y étaient entassés dans le même espace.

TROISIÈME CLASSE
Le compartiment possédait les installations et les aménagements les plus simples. Il était, de ce fait, le moins confortable. Toutefois, il paraît luxueux, si on le compare aux premières voitures de 3ᵉ classe.

CLÉS
Les voitures au garage sont habituellement fermées à clé par mesure de sécurité. Les serrures simples sont manœuvrées par une «clé de Berne», en forme de carré.

TROIS EN UN
Cette voiture anglaise de 1904 est inhabituelle, car elle réunit des compartiments de 1ʳᵉ, 2ᵉ et 3ᵉ classe sans communication entre eux. Comme il n'existait pas de couloir permettant de passer d'une voiture à l'autre, ce wagon, s'il était placé en queue du convoi, pouvait aisément être manœuvré.

Compartiment de 1ʳᵉ classe

Compartiment de 2ᵉ classe

Laissez-passer doré
autorisant les directeurs
des compagnies à
voyager en 1re classe

LUXE, CALME ET SÉCURITÉ

Dès les années 1850, les chemins de fer d'Europe et des États-Unis offraient à leur clientèle des facilités de luxe telles que le chauffage, l'éclairage, les toilettes et la restauration, tout spécialement sur les longs parcours. Plus les compagnies de chemins de fer inventaient des raffinements, plus elles prospéraient.

L'industriel américain George Mortimer Pullman, qui proposait des services de restauration aux voyageurs de première classe, introduisit les premières voitures-lits en 1865. Durant les décennies qui suivirent, les compagnies construisirent des hôtels à proximité de leurs grandes gares. L'expansion rapide des voitures-lits et restaurants, comme celles des hôtels, fit du train un moyen de transport en vogue.

Laissez-passer de la compagnie Pullman

Laissez-passer franco-belge

Laissez-passer américain du réseau
Atchison, Topeka et Santa Fe

VOYAGEURS PRIVILÉGIÉS
Les directeurs des compagnies possédaient des laissez-passer; ils pouvaient voyager en 1re classe, aussi bien sur leur réseau qu'au-delà des mers.

PORCELAINE ET ROSES
Dans les voitures-restaurants des trains de 1re classe, les repas étaient servis dans de la vaisselle raffinée, dont quelques pièces sont devenues par la suite des objets de collection. Ce service de petit déjeuner, réalisé dans les années 1930, comporte une délicate bordure dorée et décorée de roses.

CUISINE RÉPUTÉE
Pour ceux qui pouvaient se l'offrir, la voiture-restaurant de 1re classe était aussi agréable qu'un restaurant réputé, offrant en plus un panorama toujours changeant.

VOYAGE À LA MODE
Dans les années 1920 et 1930, le voyage en train était à la mode. Les chemins de fer modernes, spécialement ceux d'Europe, utilisent toujours de belles images de voyageurs élégants de cette période, pour promouvoir leurs trains.

L'HEURE DU COCKTAIL
On pouvait même commander des cocktails dans les voitures-restaurants de 1re classe des années 1930. Chaque compagnie possédait son propre monogramme qui décorait les verres, l'argenterie et la porcelaine.

QUI EST LE COUPABLE ?
Les célèbres trains de luxe aux noms romantiques ont été le décor de nombreux films, dont *le Crime de l'Orient-Express,* adapté du roman d'Agatha Christie.

SIGNE EXTÉRIEUR DE LUXE
La filiale anglaise de la compagnie Pullman apposait son blason sur les flancs de ses voitures. En Grande-Bretagne, les wagons Pullman ont circulé de 1874 aux années 1980.

Détail de marqueterie sur lambris

Sonnette pour appeler l'employé

LE STYLE PULLMAN
La vue intérieure de la voiture Pullman «Topaze», de 1914, montre ce qu'on a fait de mieux en matière de confort. Les voitures Pullman britanniques étaient renommées pour le raffinement de leur ébénisterie (ci-dessus). Tous les sièges étaient des fauteuils, et chaque voyageur disposait d'un plafonnier, d'une lampe de table en cuivre et d'une sonnette pour appeler l'employé toujours à proximité. Repas et rafraîchissements étaient apportés sur simple demande. Aux extrémités de ces voitures, on trouvait des compartiments privés, connus sous le nom de coupés.

LE CONFORT PULLMAN
Vers 1870, les voitures Pullman américaines fournissaient tout ce qui était nécessaire à un voyage. Les passagers pouvaient même chanter les cantiques du dimanche. On aperçoit à l'arrière-plan les lits rabattables.

Fenêtre ovale des toilettes

Porte du coupé

Lampe de table

Main courante en cuivre

LES AIGUILLEURS SONT À LEUR POSTE

À l'origine, on évitait les collisions en ménageant un intervalle de temps entre le passage de deux trains. Avec leurs bras, des employés signalaient aux convois s'ils pouvaient poursuivre leur route, et, aux jonctions des voies, les aiguilles étaient manœuvrées à la main. En France, dès 1845, les aiguilleurs purent transmettre des informations à distance grâce à l'invention du télégraphe électrique. Ceci permit par la suite de mettre au point le « block », système consistant à contrôler la marche des trains par un intervalle de distance et non plus un intervalle de temps. Les signaux étaient commandés, à l'intérieur de chaque « block », depuis la cabine d'aiguillage par transmission funiculaire puis par moteurs électriques.

Lampe à huile dans la cabine en cas de panne de courant

Les messages codés par cloche électrique pouvaient être envoyés aux cabines d'aiguillage situées de part et d'autre de la cabine émettrice.

Levier jaune commandant un signal d'avertissement

Ces leviers rouges, tirés en position «voie libre», commandaient des signaux d'arrêt.

Les leviers bleus contrôlaient les aiguilles, les leviers noirs des aiguillages particuliers, et les leviers blancs étaient inemployés.

LEVIERS ET CADRANS
Le poste d'aiguillage comporte 40 leviers qui commandent des signaux et des aiguilles. Au-dessus des leviers, se trouvent les divers instruments électriques qui communiquent avec les postes voisins. D'autre part, des appareils de «block» indiquent aux aiguilleurs si la ligne est occupée ou non. Pour rendre ces contrôles de sécurité fiables, des «enclenchements» font que les différentes pièces du système – instruments, signaux, appareils de «block» – sont solidaires les unes des autres.

POSTE INFORMATISÉ

Ce poste d'aiguillage moderne utilise, comme la cabine à leviers manuels, le principe du «block system» pour la signalisation. Il contrôle un important kilométrage de voies dans toutes les directions. Un vaste écran donne la position des aiguilles et des signaux ainsi que la marche des trains. Des boutons-poussoirs commandent les signaux et les aiguilles; ces dernières sont manœuvrées par des moteurs électriques.

APPAREIL DE «BLOCK» À TROIS POSITIONS
Il indiquait à l'aiguilleur la situation de la ligne entre sa cabine et la précédente.

AIGUILLEUR

Dans chaque petite gare française, les leviers commandant signaux et aiguillages étaient situés sur le quai, derrière des barrières. L'aiguilleur accomplissait d'autres tâches entre le contrôle de deux trains.

Appareil électrique de contrôle de voie unique fonctionnant à jetons

APPAREIL À CLOCHE
Un aiguilleur qui voulait demander si la ligne était libre utilisait cet appareil qui envoyait des signaux acoustiques aux cabines situées en amont et en aval.

DIRIGER SUR LA BONNE VOIE

Pour manœuvrer les aiguilles et signaux à chaque passage d'un train dans le «block» concerné, l'aiguilleur devait tirer les longs leviers qui étaient reliés aux aiguilles par des tiges, et aux signaux par des câbles. Aujourd'hui, les postes manuels ne subsistent plus que sur certaines lignes secondaires.

CABINE D'AIGUILLAGE
Vers 1900, les cabines étaient surélevées pour faciliter le mouvement des tiges et des câbles. Aujourd'hui un poste d'aiguillage équivaut à des dizaines de postes traditionnels.

SUR LES PETITES LIGNES

En France, les liaisons téléphoniques de gare à gare permettaient de contrôler l'espacement et le sens de circulation des trains.
En Grande-Bretagne, c'est un appareil à jetons (ci-dessus) qui assurait la sécurité.

APPAREIL DE «BLOCK» À TROIS POSITIONS ET À POIGNÉE
Il permettait de communiquer avec un appareil identique qui se trouvait dans la cabine suivante en aval.

OBÉISSANCE ABSOLUE AUX SIGNAUX

Les conducteurs de trains doivent lire de nombreux signaux disposés tout le long de la voie. Sans eux, ils risqueraient les accidents qui étaient fréquents au début du chemin de fer. Dans les premiers temps, la signalisation s'effectuait par des mouvements de bras qu'exécutaient les employés. Plus tard, la mécanique les remplaça. De plus en plus rapides, et pourvus de systèmes de freinage améliorés, les trains bénéficièrent d'équipements qui augmentaient confort de roulement et sécurité. Après 1930, des signaux électriques lumineux furent mis en place. Les lampes, beaucoup plus puissantes que les vieilles lampes à huile, étaient plus facilement repérables à distance, surtout la nuit sur les lignes à grande vitesse. Toutes les lignes principales sont maintenant équipées de ces feux qui signalent l'état de la voie. Ils sont, ainsi que les aiguilles, commandés automatiquement.

ARRÊTEZ LE TRAIN!
Dans les petites gares de campagne, les trains s'arrêtaient à la demande. Les voyageurs désirant prendre place faisaient signe au mécanicien.

Bras rectangulaire horizontal commandant l'arrêt

Quand les bras rouge et jaune sont en position horizontale, ils commandent l'arrêt.

ARRÊT
Ce sémaphore mécanique possède un bras supérieur qui indique si un train doit s'arrêter ou non, et un bras inférieur, d'avertissement. Ce dernier concerne l'espacement des trains entre eux : il indique au mécanicien qu'il doit se préparer à s'arrêter au signal suivant. Ici les deux bras sont horizontaux et commandent l'arrêt.

Badge d'aiguilleur anglais

IDENTIFICATION
La plupart des employés de chemin de fer ont toujours porté des badges qui permettent de mieux les identifier.

LAMPE DE SIGNALISATION
Autrefois, dans les gares, le chef de train se signalait au conducteur au moyen d'un drapeau et, de nuit, d'une lampe à huile. Le verre de cette lampe pivotait et donnait un signal de couleur verte (départ), rouge (arrêt) ou blanche (utilisation générale; par exemple, pour s'éclairer).

Lampe à trois positions pour chef de train

BÂTONS ET BRASSARD
Vers 1841, des employés des chemins de fer assuraient la fonction d'aiguilleurs. Ils utilisaient des drapeaux de couleurs différentes pour commander à un train de s'arrêter, de rouler au pas, ou pour indiquer que la voie était libre. Ils portaient également des brassards qui permettaient de les identifier et parfois des matraques, surabondamment décorées, en cas d'ennuis sérieux.

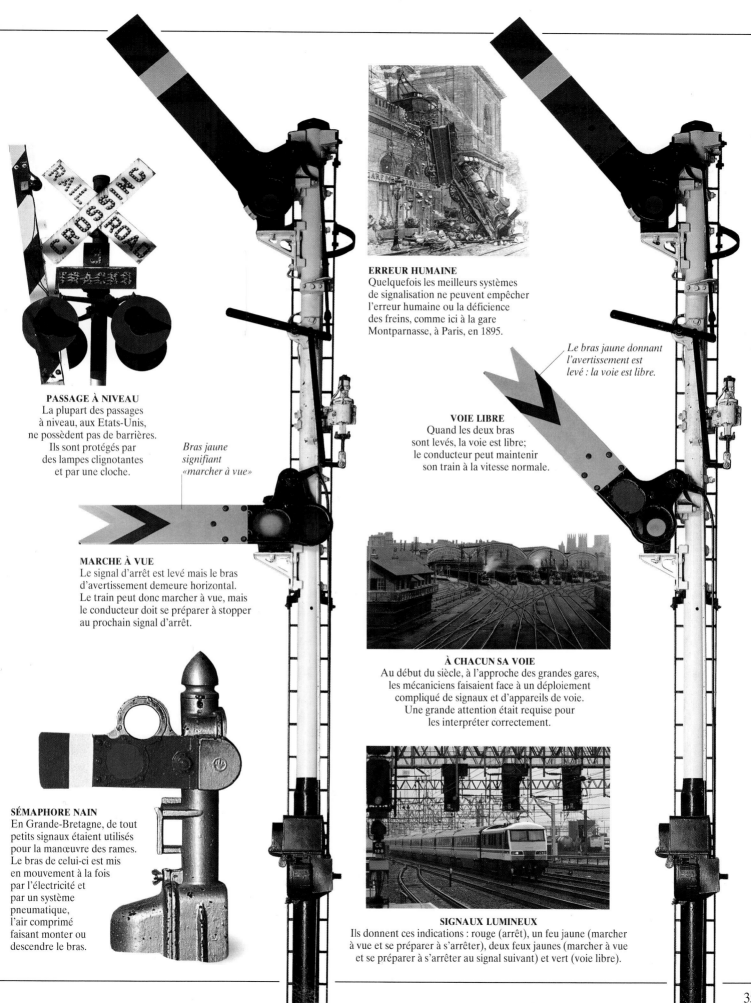

PASSAGE À NIVEAU
La plupart des passages
à niveau, aux Etats-Unis,
ne possèdent pas de barrières.
Ils sont protégés par
des lampes clignotantes
et par une cloche.

*Bras jaune
signifiant
«marcher à vue»*

MARCHE À VUE
Le signal d'arrêt est levé mais le bras
d'avertissement demeure horizontal.
Le train peut donc marcher à vue, mais
le conducteur doit se préparer à stopper
au prochain signal d'arrêt.

SÉMAPHORE NAIN
En Grande-Bretagne, de tout
petits signaux étaient utilisés
pour la manœuvre des rames.
Le bras de celui-ci est mis
en mouvement à la fois
par l'électricité et
par un système
pneumatique,
l'air comprimé
faisant monter ou
descendre le bras.

ERREUR HUMAINE
Quelquefois les meilleurs systèmes
de signalisation ne peuvent empêcher
l'erreur humaine ou la déficience
des freins, comme ici à la gare
Montparnasse, à Paris, en 1895.

*Le bras jaune donnant
l'avertissement est
levé : la voie est libre.*

VOIE LIBRE
Quand les deux bras
sont levés, la voie est libre;
le conducteur peut maintenir
son train à la vitesse normale.

À CHACUN SA VOIE
Au début du siècle, à l'approche des grandes gares,
les mécaniciens faisaient face à un déploiement
compliqué de signaux et d'appareils de voie.
Une grande attention était requise pour
les interpréter correctement.

SIGNAUX LUMINEUX
Ils donnent ces indications : rouge (arrêt), un feu jaune (marcher
à vue et se préparer à s'arrêter), deux feux jaunes (marcher à vue
et se préparer à s'arrêter au signal suivant) et vert (voie libre).

TRÈS ORIGINAL
Cette image, que l'on trouvait dans un paquet de cigarettes, montre le courrier local contenu dans un sac de cuir collecté en pleine vitesse par un train postal de grande ligne.

LA POSTE N'ATTEND PAS

En France, l'année 1847 vit la mise en service des premières voitures postales sur la ligne de Paris au Havre. Au fur et à mesure que les années passaient, la capacité de ces voitures fut augmentée pour donner plus de place aux préposés au tri. Aujourd'hui, outre les traditionnels wagons-poste, souvent appelés « allèges postales », des rames de TGV aux couleurs de la poste circulent la nuit sur la ligne Paris-Sud-Est. De leur côté, nos voisins anglais ont mis au point un système original, utilisé jusqu'en 1971, pour collecter et éjecter le courrier tout en roulant.

COURRIER AMÉRICAIN
Cette locomotive américaine des années 1870 remorque un train postal. Les sacs vont être jetés des wagons, tandis que d'autres sont placés à bord du train à l'aide du pilier que l'on voit au second plan.

Courrier devant être collecté par le train postal

Boîte aux lettres pour courrier de dernière minute. Les lettres déposées ici étaient assujetties à un supplément spécial.

LE SYSTÈME ANGLAIS
Le courrier se trouvait dans une sacoche suspendue le long de la voie. Un filet sorti du wagon postal le ramassait. En revanche, le courrier à distribuer était mis dans une sacoche positionnée au bout d'un bras, lequel était actionné peu avant d'atteindre le filet le long de la ligne.

Filet placé le long de la ligne, permettant de collecter les sacoches de courrier suspendues à un bras mis en mouvement depuis le wagon postal

À L'INTÉRIEUR D'UN WAGON-POSTE
Le courrier recueilli est étalé sur une table (à gauche sur la photo) pour être réparti à la main dans des casiers. Quand il y a assez de lettres pour une destination donnée, elles sont mises en paquets et placées dans les sacs de répartition (à droite).

DE LA ROUTE AU RAIL
Les camions postaux apportent le courrier à une gare sur une ligne d'embranchement. Le train local achemine alors le courrier à une gare principale, où il est pris par un train de voyageurs de grande ligne ou postal.

LE PLUS VIEUX
Le plus vieux train du monde à porter un nom était le «Courrier irlandais» qui a transporté, de 1848 à 1985, le courrier de Londres à Dublin. Le train prenait aussi des voyageurs qui disposaient de places assises ou couchées. L'illustration représente le «Courrier irlandais» de nuit, remorqué par une locomotive à vapeur, au moment du croisement avec un autre train.

Casiers pour trier les lettres

Le filet collecte les sacs placés le long de la voie.

L'équipement anglais pour échanger les sacs postaux à partir d'un train qui circule fut utilisé pour la dernière fois en 1971.

Wagon-poste anglais (1885)

Sac de cuir contenant le courrier trié et sur le point d'être éjecté

NOTRE ADMINISTRATION POSTALE INNOVE
En 1847, deux trains circulaient la nuit entre Paris et Le Havre. Le transport était plus rapide par rail que par diligence. Il devint possible, pour gagner encore du temps, d'effectuer les opérations de tri à l'intérieur du wagon lui-même. Le délai entre l'expédition et la réception d'une lettre put être ainsi notablement abrégé.

LA POSTE ET LE RAIL
La forte association entre les trains et la poste est illustrée par ce timbre du Libéria de 1974. Il montre un train expérimental pendulaire à grande vitesse.

LA FÉE ÉLECTRICITÉ FAIT AVANCER LE TRAIN

Le potentiel de la force motrice électrique avait été pressenti dès le début de la machine à vapeur, mais on n'avait pas su alors comment utiliser cette énergie pour les trains.

Les ingénieurs mirent au point les premières locomotives électriques vers la fin du XIXe siècle en expérimentant différentes tensions en courant continu ou alternatif. Elles prenaient le courant à partir d'une caténaire ou bien d'un troisième rail, parallèle à la voie. Les machines électriques possèdent des avantages sur les machines à vapeur et diesels : plus rapides et silencieuses, elles sont plus faciles à conduire.

Et, bien qu'électrifier une ligne soit onéreux, l'énergie électrique est économique et performante sur les lignes à fort trafic telles que les métros, les services intervilles et de navette.

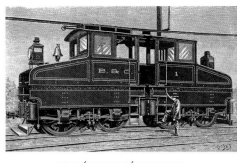

L'AMÉRIQUE S'ÉLECTRIFIE
Les premières locomotives américaines de série ont été mises en service en 1895 sur le réseau Baltimore et Ohio, sur une section longue de 6 km. Elles empruntaient de nombreux tunnels, facilement remplis de fumée au temps des machines à vapeur.

Le pantographe est un «bras» positionné sur le toit des locomotives électriques. Il capte le courant à la caténaire et le conduit aux moteurs de traction.

L'ALLEMAGNE EXPÉRIMENTE
Le premier chemin de fer électrique utilisable fut expérimenté par l'ingénieur allemand Werner von Siemens en 1879, lors d'une exposition à Berlin. Sa locomotive pouvait remorquer 30 voyageurs à la vitesse de 6,5 km/h.

LA FRANCE CÉLÈBRE LE «MISTRAL»
Ce train français était remorqué par une puissante locomotive électrique «BB». Il était réputé pour le service confortable et à grande vitesse qu'il assurait entre Paris et Nice. Les voitures en acier inoxydable comprenaient un restaurant et des salons.

NORTH

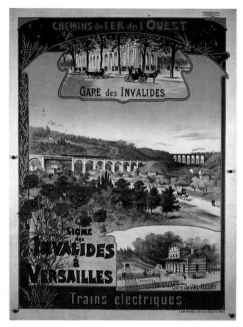

RAPIDE ET SÛR
Cette affiche française, belle et colorée, caractéristique du style Art nouveau des années 1900, incite à emprunter les trains électriques de Paris-Invalides à Versailles, qui viennent d'être mis en service par la compagnie de l'Ouest.

TRÈS, TRÈS RAPIDE
Le train le plus rapide du monde est le TGV (train à grande vitesse). Il circule généralement sur une ligne qui lui est propre. Une rame de TGV est composée de 8 remorques qu'encadrent 2 unités motrices. Sa forme aérodynamique particulière et ses moteurs puissants lui permettent de rouler très vite, même sur de fortes rampes. De telles performances ont facilité la construction de lignes nouvelles sans que l'on ait à trop se soucier des difficultés topographiques. Le TGV constitue une réussite technique sans précédent, et la création d'un réseau TGV européen est à l'étude.

CAISSES INCLINÉES
Compte tenu des progrès rapides des applications de l'électricité, les dernières avancées technologiques en matière de locomotives électriques sont souvent assez vite dépassées. C'est ainsi que, en France, de nouveaux TGV, dits TGV de nouvelle génération, sont déjà en cours d'étude. Sur cette photo, une locomotive anglaise de 1991 remorque un train express entre Londres et Edimbourg en Ecosse. Les voitures, construites en prévision des perfectionnements à venir, ont des caisses inclinées. De cette façon, si un jour des trains pendulaires sont mis en service, une nouvelle étude d'envergure ne sera pas nécessaire.

Cette locomotive électrique a été construite en 1904 pour le North and Eastern Railway en Grande-Bretagne.

PREMIÈRE GÉNÉRATION
Cette locomotive électrique fut construite pour remplacer la vapeur sur une ligne de trafic de marchandises qui comportait un tunnel mal ventilé, fréquemment rempli de fumée suffocante. Elle avait été conçue pour que le courant soit capté par un pantographe ou par un troisième rail latéral.

LE DIESEL AFFIRME SA PUISSANCE

L'invention de la locomotive diesel, peu après celle de la locomotive électrique, montrait que l'âge de la vapeur tirait à sa fin. Le premier moteur de ce type fut présenté par l'Allemand Rudolf Diesel en 1893, et les premières machines fiables datent de 1897. Dans la plupart des locomotives diesels le moteur entraîne un générateur qui produit du courant électrique. Ce dernier actionne des moteurs électriques qui entraînent les roues. Les trains diesels sont utilisés dans le monde entier, particulièrement sur les lignes au trafic moyen où l'électrification n'a pas de justification économique.

Rudolf
Diesel

LE MOTEUR DIESEL
Au contraire d'une machine à vapeur, un moteur Diesel n'agit pas directement sur les roues de la locomotive. Il produit de l'électricité en mettant en mouvement un générateur qui entraîne les roues par l'intermédiaire de moteurs électriques. Du fuel lourd est injecté dans un ou plusieurs cylindres contenant de l'air comprimé chaud. Le carburant s'enflamme et l'énergie produite pousse un piston.

Prototype de locomotive diesel-électrique, baptisé «Deltic», des chemins de fer britanniques (1955)

Le ventilateur rafraîchit le moteur.

Le générateur produit du courant électrique destiné aux moteurs qui entraînent les roues.

Le moteur Diesel entraîne le générateur.

DELTIC

TRANS EUROP EXPRESS
Les grandes villes d'Europe ont été reliées dès 1957 par un service de luxe, le TEE, particulièrement pratique pour les hommes d'affaires souhaitant un service intervile rapide, confortable et sûr. Les trains diesels-électriques affectés à l'origine à ces relations étaient réservés à la clientèle de 1re classe.

PAUSE CASSE-CROÛTE
Les conducteurs ont gardé l'habitude de prendre un casse-croûte pendant leur service. Le panier-repas n'a d'ailleurs pas changé.

Thermos

Le plastique protège de la crasse.

RECORD DE TRACTION DIESEL
L'un des premiers trains diesels à grande vitesse était le «Zephyr», du réseau Burlington aux Etats-Unis, mis en service sur les 1 609 km de la ligne Chicago-Denver, au milieu des années 1930. En 1936, il réalisa une vitesse moyenne, de départ à arrêt, de 134 km/h, qui constitue encore un record sur une telle distance.

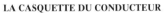

LA CASQUETTE DU CONDUCTEUR
Bien que les cabines de conduite des locomotives diesels soient plus propres que les abris des locomotives à vapeur, les casquettes des «vaporistes» ont été portées par les «diesellistes» en Grande-Bretagne.

GAIN DE TEMPS
Les trains diesels-électriques à grande vitesse sont conçus pour économiser à la fois le temps et le travail. Au lieu d'être tirées par une locomotive, les voitures sont ici encadrées par deux unités motrices. Au terminus, il n'est pas nécessaire de changer de sens et de locomotive.

Timbre de l'ex-Allemagne de l'Est montrant une locomotive diesel-électrique qui sert aux manœuvres.

LE PROTOTYPE «DELTIC»
En 1955, cette locomotive diesel-électrique «Deltic» était la plus puissante du monde. En 1961, les «Deltic» remplacèrent les grosses locomotives à vapeur carénées du type «Mallard» (pp. 46-47), entre Londres et Edimbourg. Durant les 20 années pendant lesquelles elles assurèrent leur service, chacune d'elles a parcouru près de 5 millions de km. Elles ont montré qu'elles étaient beaucoup plus puissantes que les locomotives à vapeur.

LE TRAIN AVALE LES KILOMÈTRES

Des continents entiers s'ouvrirent grâce à la construction de chemins de fer sur de grandes distances. Les premiers voyages y étaient souvent lents et inconfortables, mais ils constituaient néanmoins une amélioration par rapport à ce qui existait auparavant. Sur ces grands trains des commodités ont été progressivement apportées avec le chauffage, les voitures-lits et les voitures-restaurants. Malgré cela, la plupart des hommes d'affaires prennent plus volontiers l'avion. Les trains de longs parcours attirent toutefois de plus en plus de touristes. Pour ceux qui disposent de temps, voyager de cette manière est un excellent moyen d'avoir quelques beaux aperçus d'un pays.

TRANSSIBÉRIEN
Le train quotidien reliant Moscou à Vladivostok, «La Russie», accomplit le plus grand trajet par chemin de fer au monde, soit 9 297 km en 8 jours.

«OCÉAN INDIEN»
Le premier service transcontinental de Sydney (sur la côte est de l'Australie) à Perth (sur la côte ouest) fut inauguré en 1970. Le luxueux train baptisé «Océan Indien» couvre en 3 jours les 3 968 km qui comprennent la plus longue ligne droite du monde (478 km).

«TRAIN BLEU»
Un train de luxe circulait entre Le Cap et Pretoria en Afrique du Sud, depuis 1903. En 1939, le «Train bleu» fut mis en service sur les 1 540 km du parcours. On le considère comme le train le plus luxueux du monde.

Les premières voitures-lits étaient équipées de grands rideaux favorisant une intimité totale.

Boîtes à thé et à café

Bouilloire

Casserole

Brûleur à paraffine

RESTAURATION RAPIDE
Comme la vitesse des trains augmentait, les arrêts buffet furent réduits, voire abandonnés. Les voyageurs prirent alors l'habitude d'emporter leur déjeuner dans un panier. Ce genre de restauration resta populaire, même après l'introduction des wagons-restaurants en 1888.

La courroie empêche l'occupant de la couchette supérieure de tomber, par exemple lors d'un arrêt brusque.

Etagère pour bagages et literie

Armoire contenant une bouteille d'eau potable et un verre

Lorsqu'il est couvert, le lavabo forme une petite table.

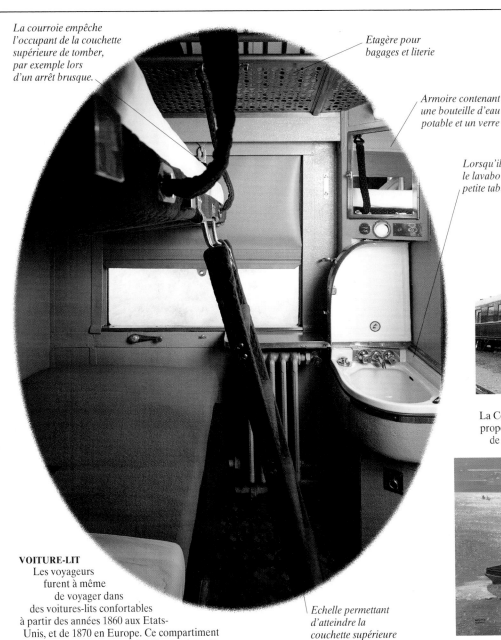

Les wagons-lits étaient équipés de cabinets de toilette.

Echelle permettant d'atteindre la couchette supérieure

VOITURE-LIT

Les voyageurs furent à même de voyager dans des voitures-lits confortables à partir des années 1860 aux Etats-Unis, et de 1870 en Europe. Ce compartiment à deux couchettes est celui d'une voiture-lit de 1936 qui roulait entre Londres, Paris et Bruxelles. Quand les lits n'étaient pas utilisés, la couchette inférieure se transformait en banquette. Les trains de cet itinéraire traversaient la Manche grâce à des ferry-boats.

WAGONS-LITS

La Compagnie internationale des wagons-lits, fondée en 1876, proposait, pour toute l'Europe, des voitures-restaurants et lits de grande qualité, y compris le célèbre «Orient-Express».

FERRY-BOAT

Le ferry-boat Douvres-Dunkerque, reliant la Grande-Bretagne à la France, entra en service en 1936. Il emportait les wagons de la liaison Londres-Paris-Bruxelles.

Déjeuner au wagon-restaurant

«SUPER CHIEF»

Le train «Super Chief» (Grand Chef) assurait la liaison Chicago-Los Angeles aux Etats-Unis. Il avait la réputation d'être le meilleur train de longs parcours, à cause de sa nourriture raffinée et de sa clientèle hollywoodienne.

Billet du train «Super Chief» (1938)

Armoiries royales de la locomotive *Gladstone*

ROIS ET REINES MENAIENT GRAND TRAIN

Quelques voitures parmi les plus belles jamais construites le furent pour la famille royale britannique. Depuis 1839, cette famille a adopté le chemin de fer pour ses voyages en Grande-Bretagne, qu'ils soient à caractère public ou privé. À l'époque de leur construction, les voitures royales ou impériales représentaient toujours ce que l'on faisait de mieux en matière d'aménagement et de technologie. Ainsi, en France, le train de l'empereur Napoléon III avait été conçu par le grand architecte Viollet-le-Duc. Actuellement, les trains royaux sont encore utilisés.

LAMPE COURONNÉE
Les lampes frontales des locomotives des trains royaux (comme ici celle de la *Gladstone*) étaient souvent décorées.

INSIGNES ROYAUX
Les locomotives des trains royaux anglais comme la *Gladstone* (ci-dessus et ci-dessous) étaient particulièrement entretenues. Elles portaient des décorations compliquées.

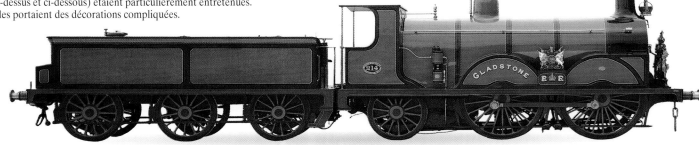

Compartiment-coupé   Compartiment des aides de camp

GARE DE REINE
De nombreux souverains étaient des inconditionnels du train et firent beaucoup de voyages à caractère public par chemin de fer. Des gares ont été spécialement bâties pour eux, telle celle de Gosport, en Angleterre, que la reine Victoria utilisait quand elle se rendait à sa résidence de l'île de Wight. On voit qu'elle était richement décorée pour l'arrivée de la reine qui était accueillie avec pompe.

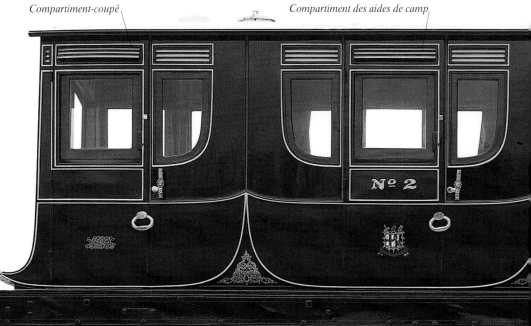

L'ANCÊTRE
Une des premières voitures royales a été construite en 1842 en Angleterre. L'étude prend pour base trois compartiments de diligence et constitue le sommet de l'art de la construction des voitures à l'époque. L'intérieur est magnifiquement aménagé et tapissé par des artisans. La personne royale voyageait le jour dans le compartiment-coupé, et les aides de camp dans le compartiment central.

TOILETTE VICTORIENNE
On veillait au moindre détail, même dans la plus petite des pièces. Ce cabinet de toilette est décoré d'érable et de soie.

LE SALON DE LA REINE VICTORIA
On équipait les voitures royales sans parcimonie. La décoration du salon de jour (ci-dessus) résultait d'un choix de la reine, quand il fut aménagé en 1869. Le bois est de l'érable moucheté et la tapisserie, de la soie bleu profond, tandis que le plafond est couvert de soie blanche capitonnée. La voiture était à l'origine éclairée avec des lampes à huile, mais, en 1895, l'éclairage électrique, alors nouveau, et des sonnettes pour appeler les aides de camp furent installés. D'une manière générale, les voitures royales ou impériales au XIXᵉ siècle se caractérisent par une décoration luxueuse mais chargée.

FUMOIR DE ROI
Le roi Edouard VII aimait se reposer dans ce salon lambrissé et daté de 1902. Il bénéficiait des plus récents ventilateurs, radiateurs et même allume-cigares.

Compartiment-lit

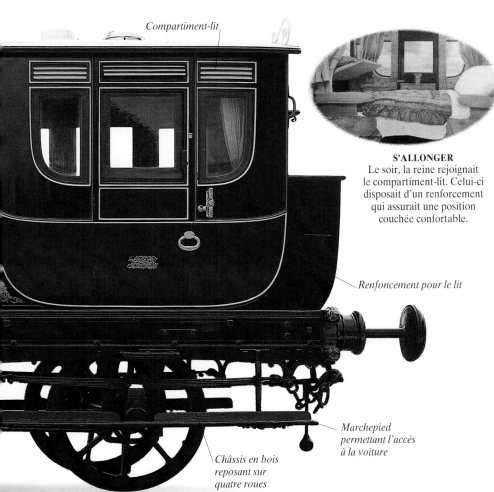

S'ALLONGER
Le soir, la reine rejoignait le compartiment-lit. Celui-ci disposait d'un renforcement qui assurait une position couchée confortable.

CHAMBRE DE REINE
Sur le mur au chevet du lit, se trouvaient des sonnettes pour appeler les domestiques.

Renfoncement pour le lit

Marchepied permettant l'accès à la voiture

Châssis en bois reposant sur quatre roues

COMPARTIMENT DE JOUR
A côté de ce compartiment aménagé en 1908, se trouvent un cabinet de toilette et une chambre.

LA COURSE AUX RECORDS EST LANCÉE

Souvent mêlés au monde du spectacle, de la publicité et de la compétition, les chemins de fer ont toujours cherché à établir des records de vitesse.

Pour la Grande-Bretagne et les États-Unis, atteindre les cent miles à l'heure (161 kilomètres à l'heure) constituait un objectif ; celui-ci aurait été dépassé, en 1893, quand une locomotive américaine atteignit, dit-on, 181 kilomètres à l'heure. En France, la recherche de la vitesse a toujours été une priorité.

En 1955, la « BB 9004 » et la « CC 7107 », locomotives électriques, roulèrent à 331 kilomètres à l'heure sur la ligne des Landes.

Aujourd'hui, le record incontesté de vitesse sur rails est toujours détenu par la France, avec une rame légèrement modifiée du TGV Atlantique qui a atteint 515,3 kilomètres à l'heure, le 18 mai 1990.

MACHINES ULTRARAPIDES
Les premières locomotives à vapeur étudiées pour rouler normalement à 160 km/h furent construites en 1935. Elles remorquaient le train «Hiawatha», qui parcourait les 663 km de Chicago à Minneapolis et St Paul. Cette liaison détient le record mondial de vitesse commerciale en traction à vapeur, soit 130 km/h sur une section de 127 km.

Le train à vapeur «Hiawatha»

RECORD À VAPEUR
La plaque de cuivre apposée sur le flanc de la chaudière de *Mallard* commémore le record mondial de vitesse en traction à vapeur, battu le 3 juillet 1938.

GRANDE-BRETAGNE
La locomotive à vapeur *Mallard*, conçue par sir Nigel Gresley, battit le record du monde en traction à vapeur, le 3 juillet 1938, avec une vitesse de 202 km/h. Ce record reste invaincu.

ON 3ʳᵈ JULY 1938 THIS LOCOMOTIVE ATTAINED A WORLD SPEED RECORD FOR STEAM TRACTION OF 126 MILES PER HOUR

JAPON

Quand il fut mis en service en 1964, le train électrique japonais «Shinkansen» (nouveau chemin de fer à grande vitesse), qui reliait Tokyo à Osaka, était le premier au monde d'une nouvelle génération de trains très rapides, spécialement conçus pour des services intervilles de voyageurs.

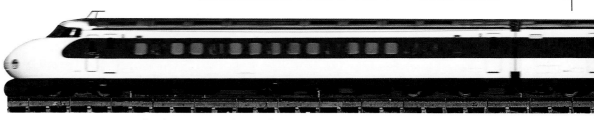

La vitesse moyenne des premiers «Shinkansen» réguliers était de 163 km/h, avec un maximum de 210 km/h.

ALLEMAGNE

Le train électrique allemand à grande vitesse a été mis en service sur quelques liaisons intervilles en 1991. L'ICE roule principalement sur des lignes anciennes améliorées, bien que des sections nouvelles et spéciales soient utilisées. Lors des essais, l'ICE a établi un record mondial de vitesse avec 404 km/h, qui fut battu peu après par les Français.

ÉTATS-UNIS

En 1893, le réseau New York Central proclamait que sa locomotive à vapeur N° 999 était la première à avoir dépassé 100 miles à l'heure. Elle aurait même atteint 181 km/h à la tête du train «Empire State», près de New York. Cette performance n'a pas été reconnue par les autres pays.

LE PLUS RAPIDE

Le TGV, le train électrique français à grande vitesse, a été mis en service en 1981 entre Paris et Lyon. Il emprunte une voie en grande partie nouvelle, à une vitesse moyenne de 212 km/h. Au cours d'essais, avant l'ouverture de la deuxième ligne de TGV, dite Atlantique, un TGV légèrement modifié a battu le record du monde de vitesse avec 515,3 km/h.

FRANCE

Les 28 et 29 mars 1955, la locomotive électrique «BB 9004» à courant continu a établi, avec la «CC 7107», un record du monde de vitesse sur rail avec 331 km/h.

Mallard, locomotive à vapeur carénée, fut construite en 1938.

L'EMBARQUEMENT SE FAIT EN GARE

Les premières stations rurales de chemin de fer n'étaient guère plus que des abris en bois placés à proximité des rails et des quais. Les voyageurs pouvaient y acheter des billets et attendre le train. Aujourd'hui, quelques petites gares sont encore de construction sommaire, et ne comportent souvent qu'un guichet et une salle d'attente. Mais, dans les agglomérations importantes ou moyennes, les gares proposent divers services : porteurs, buffet, consignes, parking et correspondances… Il n'est pas rare qu'une gare soit le bâtiment le plus important de la ville. Cet édifice, souvent imposant, a une grande variété d'architectures qui empruntent aux styles les plus divers au XIXᵉ siècle et aux conceptions les plus modernes aujourd'hui.

Une grande horloge règle les arrivées et les départs.

GARE DE CAMPAGNE
Cette gravure représente une gare typique des Etats-Unis du milieu du XIXᵉ siècle. On s'affaire au chargement des marchandises tandis qu'un bateau à vapeur à roues à aubes passe sur la rivière toute proche. On aperçoit un autre train à l'arrière-plan.

L'HEURE FERROVIAIRE
Le succès des chemins de fer est lié à l'exactitude des trains. A l'origine, les pays très étendus dans le sens est-ouest, tels les Etats-Unis, présentaient des problèmes de réglage horaire. Aujourd'hui, la division de ces contrées en différentes zones horaires font que, à chaque fois qu'un train pénètre dans une nouvelle zone, on change d'heure.

TOUT TRANSPORTER
Avant l'essor des transports routiers et aériens, les chemins de fer ont été utilisés pour le transport de marchandises très diverses. Ce chariot fermé acheminait des cercueils vers 1925.

«GRAND CENTRAL»
Les tableaux d'information du hall d'une gare indiquent aux voyageurs où et quand les trains arrivent et partent. La gare «Grand Central» de New York, la plus grande du monde, possède un immense hall.

Montre de gousset de la fin du XIXᵉ siècle

WATERLOO À LONDRES
Les grandes gares sont conçues de telle façon que des milliers de voyageurs puissent monter dans les trains ou les quitter simultanément, pendant les heures de pointe.

Sifflet simple en métal

AU SIFFLET
Les sifflets simples, en bois ou en métal, sont utilisés par le personnel des quais pour signifier au conducteur que le train peut partir.

Cette partie du sifflet est faite avec un bouton d'uniforme de cheminot.

DÉPART À L'HEURE
La mise en marche des trains à des heures déterminées signifie que le personnel, comme la gare elle-même, doit avoir l'heure exacte. Autrefois, les gares avaient de grandes horloges et le personnel recevait des montres de gousset.

Billets japonais

LIVRAISON SPÉCIALE
Dans les années 1920 et 1930, les chemins de fer offraient un service complet de transport, grâce à leurs propres véhicules routiers. Des bicyclettes étaient utilisées localement pour livrer les petits colis.

POINT DE REPÈRE
Les grandes gares, telle celle de Lyon à Paris, ont été conçues de façon à procurer un accès facile, tant pour les personnes que pour les marchandises. Leur architecture en fait des points de repère familiers.

ENTENDRE LA CLOCHE
On sonnait la cloche pour annoncer l'arrivée d'un train, au temps où les cloches électriques n'existaient pas.

Initiales du chemin de fer anglais London-Chatham and Dover

Billet de la correspondance pour l'Asie Mineure de l'Orient-Express

LA ROMANCE DE LA VAPEUR
On assimile souvent le temps de la vapeur à un âge romantique, comme dans le film *Brève Rencontre*, dont l'action se déroule peu après la Seconde Guerre mondiale.

BILLET S'IL VOUS PLAÎT
Partout dans le monde, les voyageurs doivent acheter un billet. Il constitue la preuve que le prix du parcours a bien été acquitté. Un contrôleur le perfore pour qu'il ne puisse pas être réutilisé.

Badge de
porteur anglais

Badge de cheminot russe

AU SERVICE DU CHEMIN DE FER

En plus des agents des gares et des trains, qui nous sont familiers, beaucoup d'autres personnes sont nécessaires à l'exploitation d'un chemin de fer. Au centre des activités ferroviaires se trouvent les services commerciaux. En liaison avec la direction générale, ils décident du type, de la fréquence et de la vitesse des trains de voyageurs et de marchandises. C'est alors le travail du service du trafic de répondre aux besoins. Le département technique doit fournir le matériel nécessaire, tandis que le bureau de l'équipement s'assure que la voie et les installations fixes sont en état. Par ailleurs, d'autres services spécialisés établissent les horaires et s'occupent du marketing et de la publicité.

GRAISSAGE
Avant le départ, les mécaniciens s'occupaient de leur locomotive.

Badge de
cheminot chinois

Casque de pompier du chemin de fer anglais du Great Western

Aiguilleur · *Chauffeur* · *Porteuse* · *Contrôleur* · *Garçon* · *Chef de cuisine* · *Mécanicien* · *Employé au débranchement* · *Porteur* · *Chef de gare* · *Chef de quai*

UNE ARMÉE D'EMPLOYÉS
L'exploitation d'un chemin de fer requiert une grande variété de travailleurs. C'est pourquoi les compagnies ferroviaires ont toujours constitué un grand réservoir d'emplois pour de nombreux pays.

Les chefs de gare, en particulier sur les lignes de faible importance, sont responsables de plusieurs gares à la fois.

SÉCURITÉ JOUR ET NUIT
Les chemins de fer possèdent leur propre corps de pompiers, entraîné à intervenir à la moindre alerte. Ce corps a son équipement et ses uniformes.

SERVICE HÔTELIER
Dans le passé, les compagnies de chemin de fer possédaient de nombreux hôtels. Des porteurs assistaient les voyageurs à leur arrivée et au moment de leur départ de l'hôtel.

RESPONSABILITÉ
Le chef de gare a en charge tout le fonctionnement d'une gare et doit s'assurer que les trains arrivent et partent à l'heure.

Lorsqu'on soufflait dans la trompe, les hommes travaillant sur la voie la libéraient et attendaient que le train fût passé.

La trompe émettait un son particulier qui ne pouvait être confondu avec, par exemple, le sifflet du chef de quai.

Trompe de surveillant de chantier

Le tuyau s'adapte au réservoir à eau du wagon-restaurant.

Tourner le volant a pour effet de refouler l'eau dans le tuyau.

INGÉNIEUR DE L'ÉQUIPEMENT
Aujourd'hui, avec la signalisation lumineuse, l'ingénieur de l'équipement joue un rôle important, surtout sur les lignes à grand trafic. Toutefois, la signalisation est conçue avec un dispositif de sécurité qui fait que tous les signaux se mettent au rouge en cas d'incident ou de non-fonctionnement.

UNE ÉQUIPE SURVEILLÉE
Une organisation et des efforts importants ont toujours été nécessaires pour maintenir les voies en état. Au premier plan de cette image ancienne, le surveillant veille à la sécurité de l'équipe au travail.

PLEIN D'EAU
Pendant le peu de temps qu'un train express reste à quai, il faut le ravitailler en eau jusqu'au prochain arrêt. Cette citerne permettait le remplissage des soutes des wagons-restaurants. L'eau destinée aux toilettes était pompée à partir des points d'eau existants.

BIEN ÉTUDIÉE
Cette burette servait au remplissage des lampes à huile. Sa large base la rend difficile à renverser.

Burette, vers 1890

Mèche épaisse à torons multiples

ÉCLAIRAGE
Les lampes à huile ont précédé les lampes à piles. L'huile, contenue dans le corps de la lampe, brûlait à l'extrémité de la mèche. Elles étaient utilisées dans les zones de manœuvres, et lors de l'entretien des locomotives.

Lampe à huile, vers 1900

La citerne à eau était véhiculée le long du quai.

CES BELLES ONT GARDÉ LEUR PANACHE

De nos jours, surtout en Asie, les locomotives à vapeur remorquent encore régulièrement des trains de voyageurs et de marchandises. Mais, dans le reste du monde, elles appartiennent au passé. Plus propres, plus efficientes, la traction diesel et la traction électrique ont l'avenir pour elles. Toutefois, des amoureux de la vapeur ont permis de sauver de nombreuses locomotives. C'est ainsi que des centaines d'anciennes machines, un peu partout dans le monde, sont la propriété d'associations et de musées, qui les ont remises en ordre de marche avec le plus grand soin. Certaines d'entre elles sont utilisées à la remorque de trains spéciaux sur des lignes sauvegardées, ou sur des lignes à faible trafic mais pittoresques du réseau national, à l'attention des touristes et des amateurs. À l'occasion d'anniversaires ou de commémorations, des festivals de locomotives à vapeur sont organisés. Ils attirent un public très important.

SUR TOUS LES ÉCARTEMENTS
Les trains à vapeur aux Indes roulent toujours sur quatre écartements de voie. La plupart des locomotives à voie étroite du chemin de fer du Sud-Est de l'Inde ont été importées de France, d'Allemagne et du Japon.

« EVENING STAR »
L'Etoile du soir a été, en 1960, la dernière locomotive à vapeur construite pour les chemins de fer britanniques. Retirée du service en 1966, elle avait été conçue pour remorquer des trains de marchandises et de voyageurs. Bien que présentée au musée national du Chemin de fer britannique à York, elle circule encore lors d'événements particuliers.

ATTRACTION POUR TOURISTES
De nos jours, de nombreux chemins de fer à vapeur fonctionnent pour les touristes. Quelques-uns, tel le chemin de fer à voie étroite du lac de Llanberis (Angleterre), ont une exploitation calquée sur celle de réseaux disparus.

VAPEUR PRÉSERVÉE

Certains grands pays industriels sont passés rapidement de la vapeur au diesel et à l'électricité. Pourtant, beaucoup de belles machines à vapeur ont été conservées. La circulation d'un train spécial à vapeur sur une ligne où il n'en roule plus depuis de nombreuses années constitue un événement toujours couvert par la presse locale.

La construction de locomotives à vapeur a cessé en Chine seulement à la fin des années 1980.

Locomotive 230 du chemin de fer Fort Worth and Western aux Etats-Unis

LONGUE VIE À LA VAPEUR

Les chemins de fer sont l'épine dorsale des transports publics en Chine, pays où les locomotives à vapeur sont encore très utilisées. En 1990, il en existait encore 7 000, pour 4 700 diesels et 1 200 électriques.

RENOUVEAU AU ZIMBABWE

A la fin des années 1970, les chemins de fer du Zimbabwe ont remis à neuf un certain nombre de leurs locomotives à vapeur anglaises Beyer-Garratt. L'abondance du charbon local et la difficulté d'importer du fuel lourd pour locomotives diesels, d'un coût prohibitif, en sont la raison. C'est ainsi que ce pays d'Afrique australe a invité les amateurs de chemins de fer de tous pays à photographier l'une des locomotives à vapeur les plus puissantes encore en service dans le monde.

CURIOSITÉ TOUJOURS EN SERVICE

En Inde et au Pakistan, relativement peu de lignes sont exploitées dans un but touristique. Mais le grand nombre de trains à vapeur dans le sous-continent, telle cette machine vieille de 70 ans, attire les amateurs du monde entier.

92220

BRITISH RAILWAYS

DES TRAINS QUE L'ON BAPTISE

Les compagnies ferroviaires ont été fondées au XIXᵉ siècle, en un temps où les éléments décoratifs étaient universellement appréciés ; aussi les chemins de fer gardèrent-ils de cette époque le goût de l'ornementation. Différents blasons et plaques furent créés pour permettre au public d'identifier les trains. De plus, la décoration des gares rassurait des voyageurs encore peu habitués aux voyages par train. Comme la concurrence entre les différentes compagnies allait augmentant, les armoiries et monogrammes propres à chacune d'elles furent apposés un peu partout. C'est ainsi que l'on plaçait d'énormes plaques de fer forgé très colorées sur le parapet des ponts de chemin de fer, et que les initiales des compagnies apparaissaient sur le toit de certains bâtiments.

DRAGON
Sur les armoiries du chemin de fer Midland, en Grande-Bretagne, figurait un dragon qu'accompagnaient les armes des grandes villes desservies par ce réseau.

PLAQUE D'IDENTIFICATION
La plaque indiquait le nom du train. Elle était fixée à l'avant de la cheminée de la locomotive à vapeur.

BLASON DE TGV
La plupart des locomotives électriques ont reçu le nom d'une des villes desservies par le réseau national.

Plaque de constructeur américain

TRAINS SPÉCIAUX
Les locomotives qui remorquaient des trains spéciaux étaient souvent décorées de plaques créées pour l'occasion.

ANNÉES CINQUANTE
Cette plaque était celle des chemins de fer britanniques des années 1950.

PLAQUE DE CONSTRUCTEUR
La plupart des locomotives portent une plaque de constructeur. Elle indique le numéro d'ordre, la date de construction, le nom et la situation géographique de l'entreprise ainsi que le nom du président de la compagnie.

CÉLÉBRITÉS
De nombreuses locomotives ont porté un nom d'homme célèbre, de directeur de chemin de fer ou de site desservi par le réseau.

PLAQUE DE BAPTÊME
Cette plaque était l'une de celles qui célébraient les liens établis entre les Etats du Commonwealth.

Réseau London and North Eastern

«CHEVALIER DE LA TOISON D'OR»
Ce noble nom était celui d'une locomotive à grande vitesse du réseau anglais Great Western.

La couronne indique que ce chemin de fer était le seul, au Canada, à avoir obtenu la charte royale.

La plaque précise le nom du service qu'assure la locomotive.

ARMOIRIES DE LA CÔTE-DE-L'OR
Sur les armoiries du chemin de fer du Ghana figure un éléphant, animal familier de ce pays d'Afrique occidentale.

NUMÉRO DE SÉRIE
Cette plaque de bronze était celle d'une locomotive de 1902 appartenant au chemin de fer canadien Dominion Atlantic.

«EXPRESS DE LA CÔTE ATLANTIQUE»
La plaque sur laquelle étaient inscrits la destination et le nom du train était apposée sur la locomotive, de même que les armoiries du réseau qui figuraient aussi sur les voitures.

BONNE PUBLICITÉ
Les locomotives sont toujours baptisées du nom d'une ville desservie par le train, comme l'atteste cette plaque britannique du réseau London, Midland and Scottish.

Drapeau écossais

Drapeau anglais

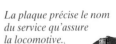

Logo actuel de la Société nationale des chemins de fer français (SNCF)

PLAQUE ÉCOSSAISE
Les écussons portent les motifs des drapeaux écossais et anglais.

VIE LOCALE
Les armoiries des réseaux ferroviaires intègrent les éléments de la vie locale. Un cygne noir est le symbole du chemin de fer d'Australie occidentale.

PRENEZ LE PREMIER MÉTRO

Les chemins de fer remportèrent un vif succès et encouragèrent le mouvement des affaires dans les grandes villes. Ils participèrent aussi à l'accroissement de la population citadine en favorisant l'exode rural. Cet état de fait conduisit la ville de Londres à construire la première voie ferrée souterraine du monde en 1863. Ce chemin de fer à vapeur fut réalisé selon le système «couper et couvrir», c'est-à-dire creuser une tranchée, puis la couvrir pour en faire un tunnel. De son côté, Paris ouvrit en 1900 sa première ligne de métro, qui reliait la porte de Vincennes à la porte Dauphine. Les travaux furent menés par l'ingénieur Fulgence Bienvenüe. Les développements ultérieurs, tels que le creusement de tunnels plus profonds, la mise en service de locomotives plus performantes, d'ascenseurs et d'escalators, permirent de créer d'autres lignes sous le centre même des capitales.

Y A-T-IL UN PILOTE ?
Plus de conducteurs dans les réseaux de transport les plus modernes tels que le métro de Washington D.C. (ci-dessus) ou, en France, le VAL lillois! L'automatisme intégral multiplie les garanties de sécurité tout en réduisant l'attente en station. Le VAL est si performant qu'il a été acheté dans le monde entier.

LAMPE À HUILE
Des lampes à huile, semblables à celle-ci, ont été utilisées par les chefs de quai et les aiguilleurs pendant de nombreuses années.

PREMIERS JOURS
Les images des premiers chemins de fer souterrains à vapeur montrent des trains circulant dans des tunnels spacieux, où filtre un peu de lumière naturelle. En réalité, la fumée rendait ces trajets peu plaisants.

MOSCOU
Le premier chemin de fer souterrain à Moscou fut ouvert en 1933. Les stations, imposantes, sont réputées pour leur luxueux décor.

Soutes à eau

Ici se tenait le mécanicien.

Les chasse-pierres dégagent la voie de tout obstacle éventuel.

METROPOLITAN 23 RAILWAY.

Badge du «London transport»
du début des années 1930

Logo actuel de la Régie
autonome des transports
parisiens (RATP)

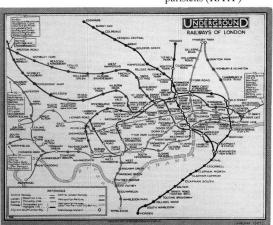

TOUS ENTASSÉS
Les voitures du métro de Londres ont des portes coulissantes,
et de nombreux voyageurs, assis ou debout, peuvent y prendre place.

LE MÉTRO DE PARIS
Les bouches de métro font
partie du paysage parisien. Les
premières, de style Art nouveau,
sont des créations de l'architecte
Hector Guimard
(1867-1942).

SE REPÉRER
Quelques rares métros,
comme celui de Paris,
indiquent avec soin le tracé
des lignes et des rues qu'ils
suivent, alors que les plans
généralement utilisés de
nos jours ne sont pas à
l'échelle et sont très
schématiques. Ainsi ce
plan du métro de Londres,
pourtant daté de 1927,
est-il grossièrement calqué
sur une carte de la ville.

UN TICKET POUR TOKYO
Le premier métro japonais, ouvert à Tokyo en 1927,
est maintenant un grand réseau très actif. Ce ticket du métro
de Tokyo porte une carte du réseau sur l'une de ses faces.

Cheminée

*Tuyau conduisant
la vapeur et la fumée
aux soutes à eau*

*Plaque de
destination*

**LOCOMOTIVE-TENDER
DU MÉTRO DE LONDRES**
Cette locomotive classique à vapeur
a été construite pour le métro de
Londres en 1866, trois ans après
l'ouverture de la première ligne.
Pour réduire l'émission de
fumée et de vapeur dans les
tunnels, cette machine, équipée d'un
tuyau, déchargeait l'une et l'autre dans
des soutes à eau. Celles-ci servaient en effet
de condenseur, évitant ainsi que des émissions
nocives ne se produisent par la cheminée et
n'incommodent les voyageurs. Malheureusement,
cette technique ralentissait la locomotive, et, pour
ne pas perdre de temps, les mécaniciens
n'utilisaient pas toujours ce dispositif.
Les conditions de transport pouvaient
alors devenir très déplaisantes,
surtout pendant les heures de pointe.

ILS CHERCHENT LEUR VOIE ENTRE CIEL ET TERRE

Des trains non conventionnels ne roulent pas sur le sol, mais se déplacent accrochés à des rails qui sont soutenus en l'air par des poutres. Il existe deux systèmes de roulement : le train est suspendu à un ou deux rails, ou bien il en chevauche un. Dans le premier cas, les roues disposées sur le toit sont solidement fixées aux rails porteurs, il n'y a donc aucun risque de voir le convoi s'écraser par terre. Dans le second cas, la rame est maintenue en équilibre de part et d'autre du rail unique par ses roues horizontales. L'idée de faire circuler des trains entre ciel et terre n'est pas nouvelle. À la fin du siècle dernier, plusieurs grandes villes d'Europe et des États-Unis avaient mis en service des chemins de fer aériens, et un monorail fonctionne en Allemagne depuis 1901. Les voies surélevées modernes offrent des avantages. Tout d'abord, leur installation coûte moins cher que celle d'un chemin de fer traditionnel. Ensuite, elles permettent de ne pas se soucier du tout du trafic routier et elles réservent aux passagers une vue panoramique. Par contre, si ce moyen de transport électrique ne pollue pas l'atmosphère, il altère le paysage et sa position en hauteur le rend parfois bruyant. D'une manière générale, s'ils connaissent d'intéressantes applications en milieu urbain ou semi-urbain, les trains non conventionnels ne semblent pas sur le point de détrôner le chemin de fer classique sur les liaisons intervilles à moyenne ou grande distance.

CHEMIN DE FER SURÉLEVÉ
Vers la fin du XIXe siècle, comme l'encombrement des rues des grandes villes allait croissant, les chemins de fer surélevés étaient une solution meilleur marché et plus souple que les chemins de fer souterrains. Celui-ci a été construit à New York dans les années 1880.

Seconde voie pour les véhicules allant dans la direction opposée

À FLANC DE MONTMARTRE
Les funiculaires sont une variante des chemins de fer «à câble» utilisés pour monter ou descendre des charges, sur une distance courte. Le système à câble veut que le wagon chargé descendant la ligne aide à la montée du wagon vide, ou partiellement chargé, sur la voie adjacente. La voiture montante ne commence sa progression que lorsque celle qui descend entame la sienne. Presque tous les funiculaires d'aujourd'hui sont à traction électrique et transportent des voyageurs plutôt que des marchandises. Celui de Montmartre, construit en 1900, a été récemment modernisé.

AU-DESSUS DE LA FOULE
Le monorail, jugé à la fois pratique et économique, est couramment utilisé. Les monorails, tel celui-ci au musée national du Moteur à Beaulieu, en Angleterre, ont souvent été affectés au transport des visiteurs autour des expositions et des parcs de loisirs. Installés en hauteur, ils peuvent tranquillement circuler au-dessus des piétons.

ERECTED OVER
L·N·E·R LINE—
MILNGAVIE STATION
(NEAR GLASGOW)

ATTRAYANT ET PRATIQUE

Les monorails sont attrayants et par conséquent fréquemment utilisés dans les parcs de loisirs. Ce petit monorail aux voitures ouvertes, en service dans un zoo hollandais, permet d'observer et de photographier les animaux en toute sécurité.

EXPÉRIMENTAL

Cet «avion guidé» fut mis au point par George Bennie, dans les années 1920, et essayé près de Glasgow en Ecosse. C'était un monorail suspendu, propulsé par une hélice d'avion. Le moteur entraînant l'hélice pouvait être diesel ou électrique. En dépit des avantages connus des chemins de fer suspendus, et de son aspect futuriste, «l'avion guidé» ne dépassa pas le stade de l'expérimentation.

MONORAIL SUSPENDU

Le premier monorail a été mis en service en 1901 à Wuppertal, dans le nord-ouest de l'Allemagne, et il fonctionne toujours. Pendant la majeure partie des 12,9 km du parcours, il surplombe une rivière, la Wupper. Les monorails ont été également expérimentés en France dans les années 1960 avec, entre autres, le procédé Bertin.

Les monorails se déplacent sur un rail unique.

Ligne d'alimentation

Rail, ou poutre

TRAIN À RAIL UNIQUE

Les monorails les plus modernes, comme celui-ci présenté lors d'une exposition à Brisbane en Australie en 1990, chevauchent le rail qui les porte. Ils sont équilibrés et guidés par des roues latérales. Les monorails, le plus souvent à traction électrique, sont utilisés en service régulier, comme celui qui relie Tokyo à l'aéroport de Haneda, au Japon, sur une distance de 13 km.

Poutre de support

LES TRAINS FASCINENT PETITS... ET GRANDS

À peine les chemins de fer avaient-ils été mis au point que l'on s'ingénia à en construire, sous une forme ou sous une autre, dans un but de distraction. De telles réalisations vont du simple jouet, que l'on pousse sur le sol, aux reproductions de la réalité, exactes et à l'échelle. Les premiers jouets, en tôle de plomb, furent suivis de trains en bois dont les roues tournaient. À la fin du XIXᵉ siècle, ils avaient cédé la place aux trains en fer-blanc, roulant sur des voies miniatures, tout d'abord mécaniques puis électriques. Les techniques de fabrication s'améliorant, les maquettes devinrent plus fidèles à la réalité, de façon à satisfaire une clientèle exigeante. C'est ainsi que le simple jouet pour enfant devint le modèle réduit sophistiqué pour amateurs et collectionneurs. Mais, qu'il s'agisse de joujoux ou de reproductions coûteuses, les trains fascinent toujours petits et grands.

Train de marchandises des années 1930

Fourgon   Wagon laitier

Une fois découpées et assemblées, ces images permettent d'obtenir un modèle de locomotive en trois dimensions.

EN CARTON
Le carton à découper et à monter est un moyen peu onéreux de collectionner les locomotives célèbres. L'exemple ci-contre était vanté comme étant «un atelier dans une boîte de cigares».

LILLIPUTIEN
Les réseaux de plein air, où circulent des trains miniatures sur lesquels peuvent prendre place les adultes et les enfants, ne sont construits que pour l'amusement. Ils sont populaires depuis le XIXᵉ siècle, surtout les trains à vapeur.

EN ORDRE DE MARCHE
Ce modèle de précision reproduit une locomotive 120 de type anglais pour trains mixtes, datant de 1846. Une maquette de ce genre comporte tous les accessoires de la machine réelle en ordre de marche tels que les lampes à huile, les leviers et les sifflets.

LA PERFECTION ACTUELLE

Les trains miniatures ont toujours été très appréciés par les enfants de tous âges. Un réseau de base comprend les gares, les ponts, les tunnels et tous les éléments d'un chemin de fer moderne.

Wagon-citerne   Wagon de ciment

EN FER-BLANC

Les trains mécaniques en fer-blanc étaient bien exécutés et d'une certaine longévité. Très simples, ils comprenaient quelques accessoires, tels les aiguillages, les gares et les tunnels.

MODÈLE DE PRÉCISION

Les modèles réduits reproduisent souvent des locomotives célèbres. Celle-ci, à vapeur, pour trains de marchandises lourds, fut construite au début des années 1940 pour le chemin de fer de l'Union Pacific aux Etats-Unis. Elle est en métal, ce qui est exceptionnel, car de nos jours le plastique moulé est de plus en plus utilisé.

JEU DE SOCIÉTÉ

Le chemin de fer eut un impact si important sur la société qu'il eut sa place dans la vie quotidienne. Ce jeu français des années 1870 en témoigne.

UN DRÔLE DE PUZZLE

«Thomas la machine-tender», représenté ici sur un puzzle, est le héros d'une série de livres destinés à la jeunesse, écrits par le révérend Awdry dans les années 1940. Les aventures de cette locomotive, aujourd'hui portées à l'écran, restent très populaires en Grande-Bretagne.

«LADY OF LYNN»

Les modèles réduits sophistiqués sont l'objet d'une passion de la part d'amateurs. Cette machine à vapeur, chauffée au charbon, est la reproduction exacte d'une locomotive de 1908, du chemin de fer anglais Great Western.

L'AVENIR DU RAIL EST ASSURÉ

Les chemins de fer ont si bien fait leurs preuves que leur avenir est garanti. De nouvelles sortes de trains et de voies ferrées sont mises au point, tandis que les équipements existants sont constamment améliorés. Parmi les trains électriques à grande vitesse mis en service dans de nombreux pays d'Europe et d'Asie, certains sont pendulaires pour un plus grand confort des voyageurs. À l'aube du XXIe siècle, à une époque où les problèmes de pollution et de concentration urbaine sont préoccupants, le chemin de fer reste plus que jamais un moyen de transport rapide et sûr. En revanche, ces dernières années, les services de marchandises ont perdu une part de leur activité au profit du camionnage. Mais des considérations relatives aux encombrements et à leurs nuisances, alliées à de nouvelles techniques ferroviaires, laissent sans doute espérer un redressement. D'ailleurs, dans les villes, le souci d'un meilleur environnement a conduit à l'extension des réseaux ferrés. De tels développements favorisent en outre les relations entre le rail, la route et le transport aérien.

Le train système Maglev a été mis en service à Birmingham, en Angleterre, au milieu des années 1980. Il couvre une distance de 620 m entre l'aéroport et la gare de cette ville importante.

LÉVITATION MAGNÉTIQUE
Le train Maglev utilise le principe de lévitation magnétique : ne possédant pas de roues, il plane à 2 cm au-dessus d'une voie métallique et est entraîné par des aimants. C'est ainsi qu'il n'y a pas de pièces mobiles sujettes à l'usure, qu'aucun entretien n'est nécessaire et que l'émission de bruit est très faible. Ces trains sont conçus pour les grandes vitesses.

B·A·A Gatwick

Le chemin de fer léger des Docks est surélevé par rapport à la rue.

SANS CONDUCTEUR
Les lignes urbaines de transit rapide, tel le chemin de fer des Docks à Londres (à gauche), offrent un service pratique et fréquent dans les centres-villes très encombrés. Les trains sont mus par l'électricité qu'ils captent par un troisième rail latéral perpendiculaire à la voie. Ils roulent sans conducteur et l'exploitation s'effectue automatiquement par ordinateur à partir d'un poste central de commandement.

TURBINE À GAZ
La turbine à gaz suscita très tôt l'intérêt des ingénieurs. La première locomotive fonctionnant ainsi a été construite pour les chemins de fer suisses en 1941. La photographie montre un train de ce type du réseau Canadian National. Comme beaucoup de trains à turbine à gaz, il se montra peu rentable et fut retiré du service au milieu des années 1980.

SUPERTRAIN
Quand le tunnel sous la Manche ouvrira en 1993, des trains électriques, dits «supertrains intercapitales», relieront Londres à Paris et à Bruxelles. Les tensions utilisées par les réseaux concernés étant différentes, les unités motrices seront tri-courant. Les voyageurs iront du centre de Londres au cœur de Paris en trois heures environ.

Prototype du «supertrain intercapitale»

PENDULAIRE
Les trains pendulaires mis au point par les chemins de fer italiens roulent jusqu'à 250 km/h sur des lignes classiques à profil difficile. Quand le détecteur repère une courbe, un mécanisme hydraulique incline les caisses du train, de façon à offrir un grand confort aux voyageurs lorsque le convoi négocie la courbe.

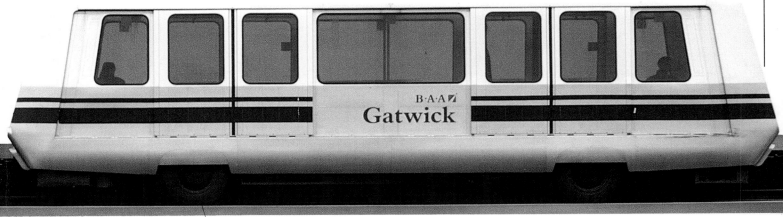

Le train roule sur des pneus.

NAVETTE AUTOMATIQUE
Ce chemin de fer de transit rapide urbain relativement simple dessert avec succès des aéroports aux Etats-Unis et en Grande-Bretagne. Guidés par un rail central, ces trains montés sur pneus roulent sur une voie en béton, sans conducteur. En France, un train similaire, ORLYVAL, atteint 70 km/h. Pour la sécurité de ses passagers, des portes palières automatiques isolent le quai de la voie.

Le rail d'acier guide le convoi.

Les roues reposent sur la voie en béton.

INDEX

CHRONOLOGIE

DANS LE MONDE	DATES	EN FRANCE
Utilisation du chemin de fer dans les mines.	XVIᵉ s.	
Mise au point de la machine à vapeur par James Watt.	1769	Nicolas Cugnot construit le premier véhicule automobile.
Invention de la locomotive à vapeur.	vers 1800	
La ligne Stockton-Darlington (Grande-Bretagne) est la première à utiliser la locomotive à vapeur.	1825	
	1837	Ligne Paris-Le Pecq : premier chemin de fer à traction à vapeur.
	1847	Premières voitures postales sur la ligne Paris-Le Havre.
Ouverture à Londres du premier métro à vapeur.	1863	
L'Allemand Werner von Siemens expérimente le premier chemin de fer électrique.	1879	
Premier moteur Diesel présenté par l'Allemand Rudolf Diesel.	1893	
	1900	Circulation des premiers trains électriques. Ouverture du métro parisien et du funiculaire de Montmartre.
Première traversée de la Manche (Newhaven-Dieppe) d'un train de voyageurs sur ferry-boat.	1918	
	1931	Mise en service d'un autorail sur pneumatiques, la «Micheline».
Record du monde de vitesse établi par la locomotive à vapeur anglaise, *Mallard*, à 202 km/h.	1938	Création de la SNCF.
	1955	La «BB 9004» et la «CC 7107» établissent un record de vitesse à 331 km/h.
Mise en service au Japon du train électrique rapide, le «Shinkansen».	1964	
	1975	Dernier train commercial à traction à vapeur.
	1981	Première ligne de TGV (Paris-Lyon).
	1989	Inauguration du TGV Atlantique.
	1990	Record de vitesse établi par le TGV Atlantique à 515,3 km/h.

NOTES

Dorling Kindersley tient à remercier :
Toute l'équipe du National Railway Museum (York) notamment David Wright et Richard Gibbon. John Liffen du Science Museum. Justin Scobie. Le London Transport Museum. L'équipe du poste d'aiguillage de Three Bridges (British Rail) Station, West Sussex. Le Bluebell Railway. L'aéroport de Gatwick. Claire Gillard. Helena Spiteri et Gin von Noorden. Earl Neish. Jane Parker.

Les éditions Gallimard remercient François Cazenave pour sa collaboration éditoriale.

ICONOGRAPHIE

h = haut, b = bas, c = centre, g = gauche, d = droite

Advertising Archives : 26bc, 61hg (détail), 61hd (détail). Australian Overseas Information Service, London : 42cg. Barlow Reid : 7cd, 39cd, 41cd. Bettmann Archive Hulton Picture Library : 19h, 20c. Bridgeman Art Library/Science Museum, London : 11bhc National Railway Museum, York : 11hd; /collections particulières : 13bhc; /Guildhall Art Gallery, Corporation of London : 45cg; /Guildhall Library, Corporation of London : 56cg; Britt Allcroft (Thomas Ltd), 1989 : 61cg. Channel Tunnel : 63cd. Jean-Loup Charmet : 10bcd, 30bg, 39hd, 44cg, 56cd. J.A.Coiley 54cd, 58bd. G. Cooke, Rail Safaris : 53cg. Culver Pictures Inc : 11hg, 16bhd, 19bd, 37hg, 41bhd, 47bhd.

Michael Dent : 23cg, 52c, 55cd. Docklands Light Railway Ltd/ Marysha Alwan : 62b et archive : 6c, 7cg, 9hg, 9hc, 9cg, 12cg, 16bg, 20hd, 26bhd (détail), 28hd, 29cd, 33bhc, 36hd, 46cg, 49bcg, 51hd. Mary Evans Picture Library : 8bd, 9cd, 13h, 17bhg, 21bcg, 29hg, 35hc, 38c, 40hg, 61bcd. Fotograff : 42hd. Robert Harding Picture Library : 52cg, 58bg, 59cd. Hulton Picture Company : 31bhg. Hutchison Picture Library : 22hg, 53hd. Antony J. Lambert : 45c, 60cg. Mansell Collection Ltd: 8hd, 10cd, 23hc. John Massey Stewart: 45bcg, 56hd, 59hd. Millbrook House Ltd: 7hd, 23bd, 37hd, 51bhg, 58cd, 63hd. National Railway Museum : 6cg, 7hg, 12hd, 13bhd, 21hg, 21hd, 23hd, 25hd, 25bcd, 26bcg, 30bc, 35cd, 37bhc, 43bcd, 49hc, 50cd, 59hg; /Terrence Cuneo : 33bc; Peter Newark's Picture Library : 13c, 18hg, 18cd, 19c, 19hd, 24hd, 34hg, 42bg, 43bd, 53hg. Quadrant Picture Library : 21c, 27bhc, 35bd, 43bhd, 47bhg, 47c, 53cd, 62hd. Rank Films : 49bg. RATP 57hd. Retrograph Archive/Martin Breese : 36hg. Mack Sennet Productions : 25bcd. SNCF-CAV-Reproductions : 3c, 4c, 55bd. Telegraph Colour Library: 50hd, 57c. J.-L. Tuleau, document Musée français du Chemin de fer 47cd. La Vie du Rail, Paris : 38cg, 39hg, 63hg. Weintraub/Ronald Grant : 31hg. Zefa Picture Library : 24hg, 35hg, 41hd, 47h, 48bd, 59b.